친애하는 경쟁자들에게

친애하는 경쟁자들에게

초판 1쇄 2024년 2월 14일

지은이	대구문예창작영재교육원
	이민지 김서연 이지은 이지윤 김서윤 박유빈 김은하 김건아 정효린
	신지아 윤성주 이하현 석혜빈 강지웅 임지아 정세영 김다정 정소은
	정혜림 추정연 김가은 김준현 이민솔
엮은이	장원희
발행인	한향희
발행처	도서출판 빨강머리앤
출판등록	제25100-2005-28호
주소	대구광역시 달서구 문화회관길 165, 대구출판산업지원센터 411호
전화	(053) 257-6754
팩스	(053) 257-6754
이메일	sjsj6754@naver.com
디자인	한향희

@장원희, 2024

＊이 책은 저작권법에 따라 보호받는 저작물이므로 무단복제를 금합니다.
＊이 책 내용의 전부 또는 일부를 이용하려면 반드시 저작권자와 빨강머리 앤의
  서면 동의를 받아야 합니다.

친애하는 경쟁자들에게

대구문예창작 영재교육원

우리만의 왕국

　이상한 일이었습니다. 건너뛰기 기능 없이는 드라마도 영화도 잘 못 본다는 요즘 아이들, 유튜브 쇼츠에 환장한다는 요즘 아이들이 3시간 꼬박 글을 쓴다니요. 교실에서 나는 소리는 그저 키보드를 두드리는 소리 혹은 펜이 종이를 지나가는 소리 그것뿐이었습니다. 무엇이 이 아이들을 이렇게 3시간씩이나 매료시킨 것일까요? 표정은 제각각입니다. 작품에 심각히 몰입하여 미간을 찌푸리고 있거나 흐뭇한 상상의 나래를 펴는지 입가에 미소가 도는 학생도 있죠.
　평소에는 세상 얌전하고 소극적으로 보이는 학생도 자신의 글에 대해 얘기할 때는 완전히 다른 사람이 됩니다.
　"선생님, 이 소설 주인공 성격이 이렇거든요. 그래서 여기서는 이렇게 행동을 하고 말할 것 같아요. 표정은 이런 표정일 것 같고 캐릭터 특성상 나이대는 20대 초반이 좋을 것 같고요. 저번에 이 부분 대사는 수정하는 게 어떻겠냐고 말씀하셨는데 저는 이 방향이 맞을 것 같아요."
　거절을 잘 못 해서 거울 보고 정색하는 표정 연습까지 하는 친구가 저런 말을 하다니요. 그만큼 자기 작품에 대한 애정이 큰 것입니다.

한없이 막막한 날도 있습니다. 어떤 학생은 친구들이 뻥뻥 뚫린 고속도로를 달리듯 막힘없이 글을 써나갈 때 한숨만 푹푹 쉬기도 합니다. '힘내'라는 말은 때때로 듣는 사람을 격려받아야만 할 사람으로 만들기도 하지요. 우리는 조용히 그 시간들을 저마다의 방법으로 견뎌냈습니다. 내 글이 안 써지면 다른 친구 글을 구경이라도 하면서 말이죠. 친구의 작품 속 남자 주인공 캐릭터만 보면 구체적으로 외모를 묘사하며 어떻게 표현해달라 주문하기 일쑤인 학생이 있었습니다. 매시간 남의 작품 캐릭터에 심취하고 상황에 몰입하고. 남자 주인공의 얼굴을 상상하며 보냈지요.

그 친구 역시 마지막에 멋진 작품을 제출하였습니다. 저도 배웠습니다. 지금 당장 완성하지 못해도 쓰는 사람 곁에 있는 것 자체로, 쓰는 것을 놓지 않는 것만으로도 씀에 가까이 갈 수 있다는 사실을요.

평일에는 글을 쓰라 하면 "선생님, 차라리 한 대 맞으면 안 될까요?"라고 말하는 아이들과, 주말에는 글 쓰지 않고는 못 살겠다는 아이들과 함께 보낸 2023년이었습니다.

참 행복했습니다. 매주 토요일 오전, 햇살 받은 교실에서 글 쓰는 아이들과 만나는 것, 그들의 글을 살펴보는 것, 쓰기까지의 과정, 고민을 모두 함께 할 수 있다는 것. 그 모든 것이 감사했습니다.

그들과 함께하는 수업에서 저 역시 작가를 꿈꾸던 16살의 여중생으로 돌아가곤 했습니다. '나도 저렇게 책을 좋아하던 여중생이었지, 나도 저렇게 조잘조잘 이야기를 늘어놓길 좋아했었지.'

그런 눈높이로 제 이야기보따리를 풀어 놓으면 아이들도 거리낌 없이 자기 보따리를 내놓습니다. 쓰기는 언제나, 누구에게나 공평하게 어려운 일이라는 점을 되새기며, 쓰기 고민도 부끄러움 없이 나누었습니다. 우리가 재잘거렸던 이야기들이 때로는 누군가의 작품 속 중요한 대사가 되어 나타나기도 합니다. 우리가 재지 않고 나누었던 쓰기 고민은 쓰다 지친 우리 모두를 일으켜 세워줄 원동력이 되었습니다.

  이상한 일이 아니었습니다. 아이들에게 이 3시간은 내가 무엇 때문에 이렇게 바쁘게 살아가는지조차 모르던 세상 속에서 나만의 왕국을 세우는 일이었으니까요. 이 왕국에는 정답도, 평가 기준도 없었습니다. 오직 나만의 이야기를 펼칠 순수한 열정만이 가득했습니다. 이제 토요일마다 차곡차곡 짓던 왕국의 성문을, 당신에게도 개방합니다.

중학교 문예창작과정 지도강사
국어교사 조수연

느리게 읽으면 보이는 세계

　작품을 읽을 때는 언제나 일반적인 글을 읽을 때보다 0.7배속 정도로 느리게 읽게 된다. 비유하자면 달팽이가 기어가는 속도로, 먹물 묻은 붓이 까치발을 들고 화선지 위를 유영하듯 한 획 한 획을 긋는 속도로, 연필이 단어 한 글자 한 글자를 또박또박 정확하게 쓰는 것과 같은 속도로. 하지만 여기서 말하고자 하는 건 읽는 데 정성을 들여야 한다는 뜻은 아니다. 이를테면 어린이들은 어른들이 무심히 지나치곤 하는 개미 한 마리의 걸음, 그네의 흔들림, 난간에 맺힌 빗방울이 제 무게를 못 이겨 떨어지는 순간 같은 것들을 오래 바라볼 줄 안다. 그건 이 세계가 여전히 그들에게 미지(未知)라는 사실을 보여주는 것이며, 세계를 낯선 것으로 인식할 줄 아는 그들의 관점이 낡은 기성의 구조를 전복할 수 있는 한 가능성임을 보여주는 것이다.
　그렇다면 청소년들의 시선은 어떨까? 답은 여기에 있다. SNS도 아니고 일기도 아닌, 보다 진지한 자세로 느리게, 자신들의 바라본 세계를 그려낸 결과가 바로 여기 이 책에 있다. 수천 년의 정신사적 축적이라 할 수 있는 문학 장르 안에서, 우리는 지금 여기의 청소년들이 지금 여기에서 목도하고 감각하고 있는 현실을 육성(肉聲)으로 마주할 수 있다. '지금, 여기'는 그러므로 단순히 수사가 아니다. 일 년에 걸친 영재교육원 수업에서 토요일 아침마다 제 생각의 모양을 구체화시키는 작업을 하면서, 끊임없이 영혼과 말(言)을 함께 다듬으면서 청소년들은 자신이 생각하는 세상과 실재하는 세상 차이의 불일치, 그 거대한 간격을 멋진 도약으로 넘어서기 위해 혼신의 힘을 다했다.

그 구체적 성과를 하나하나 전부를 열거할 수는 없겠지만, 일제 강점기의 시를 비평하고, 환상을 토대로 현실을 써 보고, SF 장르에 기대 현실을 새롭게 사유해 보고, 어린이의 마음이 되어 동시를 써 보고, 한 편의 영화를 경유한 나의 내면의 미세한 변화를 감지해 보고, 한 사람 한 사람 인물을 창조하고 저마다 다른 목소리를 부여해 극과 시나리오로 만들어 보는 등, 나는 이 모든 작업이 청소년들에게 일종의 해방이었으리라 믿는다. 노동이 아니라 운동이었으리라 믿는다. 결과가 아니라 과정에서 먼저 의미를 찾을 수 있었던 즐거운 일이었으리라 믿는다.

그 모든 일의 한 집약으로서, 이제 이렇게 멋진 집이 완성되었다. 말(言)이 그저 흘러가 휘발되는 것이 아니라, 영혼이 머물 수 있는 장소로서 남는다는 것- 흔히 어린 시절의 진지함을 '흑역사'라는 말로 은폐하거나 부끄러워하는 경우가 있지만, 쓺의 현장을 지근거리에서 지켜본 입장으로서, 이 모든 글이 얼마나 많은 마음을 기울여 쓴 것인가를 안다. 대상의 형체를 분간할 수 없는 어둠 속에서 활자만큼의 어둠을 건져내어 만든 이 세계가 얼마나 귀한 것인지를 안다.

이제 다시 이 글의 도입부를 빌려 말하면, 이 책을 읽으시는 분들에게, 보다 천천히 읽어주시기를 당부한다. 정확히 산정할 수는 없으나, 적어도 0.7배속으로. 청소년들의 서두르지 않는 마음과 같은 속도로 읽어주시기를 바란다. 한 문장 한 문장에 담긴 고심의 흔적까지를 다 함께 읽어낼 수 있다면- 기성의 다른 도서를 읽을 때와는 뭔가 다른- 누군가는 치기 어리다고도, 누군가는 풋풋하다고 할 이들의 작품에서 또 다른 귀한 미덕을 발견해낼 수 있을 것이다.

고등학교 문예창작과정 지도강사
시인 김준현

차 례

들어가며

제1장_ 시

너의 신발이 되어_ 서동중 김서연 14

읽지 말 것_ 동도중 이지은 16

외로운 가짜 부엉이_ 성산중 이지윤 18

녹_ 황금중 이민지 20

제2장_ 소설, 희곡

친애하는 경쟁자들에게_ 성지중 김서윤 24

하리의 고양이 양육기_ 신명여중 박유빈 27

서랍 속 한여름_ 중리중 김은하 40

화투_ 유가중 김건아 49

아가미 인간_ 시지중 정효린 54

값진 삶이라는 건_ 황금중 신진아 65

여름의 퇴마사_ 대진중 윤성주 76

가면_ 범물중 이하현 106

피 오는 날_ 유가중 석혜빈 108

장마가 끝난 후_ 대구동부고 강지웅 112

나만의 비_ 강동고 임지아 125

대학 동기_ 대구혜화여고 정세영 132

슈퍼문_ 비슬고 김다정 138

셔터 한 번에 영원을_ 경명여고 정소은 152

무화과론_ 대구혜화여고 정혜림 162

작가의 말_ 경명여고 추정연 193

제3장_ 수필

잘 지내_ 서재중 김가은 222

돈 빌리는 아이_ 동평중 김준현 225

'나'를 위해 사는가, '나눔'을 위해 사는가_ 고산중 이민솔 228

제1장 시

너의 신발이 되어

김서연

금색으로 치장된 몸
그만큼의 가치는 없지만
너를, 가족을, 형편을 도울 수는 없지만
이 금이 그림의 떡은 아니라는 것을
적어도 먹을 수 있는 떡이 되어줄게

너의 꿈을, 희망을, 미래를 이뤄줄게
너의 의지만큼 너를 띄워줄게
물 위를 달릴 수 있게
우주를 건널 수 있게

견우와 직녀의 만남이
하늘 위 새들에게서 이뤄진 것처럼
너와 꿈이라는 존재가
물 위 우리에게서 피어날 수 있게

신발이 되어
너의 곁에서 함께 달리다가
내 몸에 상처가 나면
물의 파장이 퍼지는 속도만큼 잊을게
너의 발에 상처가 나면
소금쟁이가 물 밖으로 나오는 속도보다 빠르게
치료해줄게
너의 신발이 되어

읽지 말 것

이지은

울다 지쳐 잠든 동생의 머리 위에 놓인
내가 생일선물로 사준 초록색 공룡 노트
얼마나 많이 울었는지 공룡이 꾸깃꾸깃해졌다
축축하게 젖은 베개를 보며
나도 눈물을 훔쳐본다
"읽지 말 것"이라고 적힌 첫 장을 무시한 채
한 장 두 장 넘겨 갈 때마다
삐뚤빼뚤한 글씨 위 삐뚤빼뚤한 그림에
내 눈물이 떨어져 얼룩덜룩해진다
아빠에게 혼나서 억울했던 날
시험을 망쳐서 속상했던 날
친한 친구와 싸워서 펑펑 울었던 날
누나에게 미안했던 날
SOS라고 적힌 마지막 장을 보며
나는 생각의 밀림에서 헤어 나오지 못한다
우주보다 넓고
수학 공식처럼 어려운
전에는 몰랐던

얼마 전까지 관심 없었던
동생의 세상 속에
한발 다가선 것 같다

외로운 가짜 부엉이

이지윤

모두가 잠든 새벽
술 냄새를 풍기며 가짜 부엉이 한 명이 들어와
깊은 잠을 깨우는 냄새

가족 중 가장 오래 함께 있는 부엉이지만
대화는 하지 못해
하고 싶어도 못해

저 가짜 부엉이는 아침 내내 자다
내가 잠들면 깨어나

억지로 부엉이의 탈을 쓰고 생활하는데
얼마나 힘들지 내가 생각조차 할 수 있을까?

가짜 부엉이의 미소가 술 냄새로 바뀌며
점점 아파 보여

10년 넘게 일한 그곳을 떠나라고
내가 어찌 말하기엔
그러기엔 무엇 하나 부탁하기 미안해서
입속에서 떠돌아다녀
가짜 부엉이가 있는 그 방만 다른 집 같아 보여

여행가는 날엔
자야 하기에 혼자 집에 남아있고

다 같이 밥 먹을 때엔
자야 하기에 혼자 방에 남아있고

대부분은 혼자 있다 나에게 보낸 따뜻한 손이
나에게 너무 어색할 뿐이다

녹

이민지

더 이상
이 세상이
가치가 없어
버려진 것 같아

작가의 말

녹_ 이민지
실존주의를 살려 작품이 현실을 바라보는 거울이 되어주길 바랐습니다.

너의 신발이 되어_ 김서연
이 시는 '천국의 아이들'이라는 영화를 보고 주인공의 마당 연못에서 항상 주인공을 기다리고 있는 금붕어를 화자로 쓴 시입니다. 제목을 끝까지 고민하다가 변하지 않고 떠나지 않는 금붕어가 되어준다는 의미를 담아 '너의 신발이 되어'로 정했습니다.
현실에서는 있을 수 없는 상상과 고민을 하고, 누군가가 읽어주기를 바라는 것이 아닌 누군가의 이야기일 수도 있는 글을 써 내려간다는 건 제 삶에 희망과 즐거움을 줍니다.

읽지 말 것_ 이지은
나에게 글쓰기란 사람과 사람을 이어준다는 의미가 있는 것 같다. 글 하나로 서로 공감하게 되고 서로를 이해할 수 있는 힘이 생긴다. 또한, 글을 통해 한 사람의 경험이나 삶 등이 현실의 나와 이어진다는 점에서도 의미가 있는 것 같다.

외로운 가짜 부엉이_ 이지윤
글은 저의 가장 친한 친구예요. 이해 안 되는 사람도 많겠지만 우울하거나 화가 나고 속상할 때 조금이라도 글을 쓰면 울퉁불퉁하던 감정들이 퍼즐이 맞춰지듯 딱 맞춰지는 느낌이거든요.

제2장 소설, 희곡

친애하는 경쟁자들에게

김서윤

 기말고사가 끝이 났음을 알리는 종이 울려.
 온은 친구들과 시험지를 매기지. 나도 온과 친구들에게 다가가 함께 시험지를 매겼어. 마스크에 가려진 온의 표정은 어떨까? 기쁜 건지, 화가 난 건지, 아쉬운 건지 잘 모르겠어.
 그날은 비가 추적추적 내렸어. 기말고사가 끝났는데 비가 온다니. 친구들이랑 놀러 갈 생각에 맑은 날씨를 기대했는데.
 "빨리 급식실 가자. 비 더 많이 오겠다."
 온이 나와 친구들에게 말했어. 나는 다이어트를 한다며 급식을 먹지 않았어. 조용해진 교실 밖 창문을 바라보았어.
 온은 비를 피해 친구들과 급식실로 달려갔어. 너도나도 시험을 망쳤다며 울상인 표정이지. 친구들은 온이 시험을 망쳤다고 하면 대수롭지 않게 넘어가. 오히려 '기만자'라 말하지. 온은 아무리 시험을 망쳐도 80점 이상일 테니까.
 폭풍 같은 7월의 기말고사가 지나가고, 나뭇잎은 초록빛으로 여물어 가고 있어. 이맘때쯤, 방학식을 하지. 그날도 기말고사 마지막 날처럼 비가 내렸어. 교실 텔레비전에는 교장 선생님이 훈화 말씀을 하시고 아이들은 졸거나 장난을 치고 있었어. 이제 방송에선 교과우수상 시상을 하고 있어.

교실 텔레비전에는 온의 가장 친한 친구이자 전교 1등 현이 보이고 친구들은 텔레비전 속 현의 뿌듯한 얼굴을 바라봤지. 친구들의 눈에는 부러움이 담겨있었어.

"이번에도 쟤가 전교 1등인가 봐. 최 온도 공부 잘 하지 않아? 둘이 엄청 친하던데."

친구들이 수군댔어. 온의 손엔 성적표가 구겨진 채 꽉 쥐어져 있어. 온의 표정은 평온해 보이지만 현을 바라보는 눈엔 부러움이 가득했어. 온은 무슨 생각을 했을까?

방학식이 끝나고 교실은 비어있어. 온은 매일 서랍을 깨끗이 비우는데 그날은 온의 서랍이 꽉 채워져 있더라. 서랍을 들여다보니 교과서, 기말고사 시험지, 헌 공책이 보여. 문득 온의 필기가 궁금해져서 공책을 펼쳐 봤어. '85점, 96점, 91점, 88점' 온이 망쳤다고 말하던 기말고사 시험 점수였어. '뭐야, 이게 망친 거라고?' 그때 복도에서 발걸음 소리가 들려서 온의 공책을 책상 위에 올려두고 재빨리 교실을 빠져나왔어.

비는 더 많이 내리고 있었어. 우산이 없어서 그냥 비를 맞을까 생각하던 찰나 온이 우산을 씌워줬어. 온의 손엔 공책과 구겨진 성적표가 여전히 쥐어져 있었어. 온의 눈엔 아까 전교 1등 현을 바라보던 눈빛이 그대로 남아있었어. 온의 눈빛은 텅 빈 것 같기도 했지. 나는 온의 기말고사 점수를 알기에 온이 100점만 고집한다고 생각했어.

"시험은 잘 쳤어?"

온이 나에게 물어봤어. 나는

"그저 그랬어"

라고 대답하고 온의 성적은 물어보지 않았어. 물어보지 않아도 온은 망쳤다고 대답했을 거야. 아니, 그때 온의 대답은 달랐을지도 몰라. 온은 성적이 높은 친구들이 부러웠던 걸까, 아니면 자신에게 화가 났던 걸까?

그 이후로 온을 본 적은 없어. 학교에서는 갑자기 이사를 갔다고 이야기했지만, 친구들은 온이 죽었다, 사고를 당했다, 가출했다며 온에 대해 이야기했어. 온이 어디 있는지는 아무도 몰라. 나는 혹시나 온이 전화를 받을까 온에게 전화를 걸었어.

"이 번호는 없는 번호이오니……."

휴대 전화에서는 안내음이 울렸어.

어느덧 여름 방학이 지나가고 개학식 하루 전, 학교 가방을 싸려고 가방의 지퍼를 내렸어. 가방 안엔 온의 공책이 있었어. 기말고사 마지막 날 교실에서 내가 온의 공책을 나도 모르게 가방에 넣은 것일까 생각했지만, 그럴 리는 없었어. 공책의 표지는 온이 우산을 씌워줬을 때 온이 손에 들고 있던 공책과 똑같았어. 그렇다면 온이 그날 내 가방 속에 넣어둔 걸까? 공책을 펼쳐 보니 수학 계산을 한 흔적이 가득했어. 그리고 공책의 마지막 장엔 이런 글이 적혀 있었어.

– 나의 친애하는 경쟁자들에게, 너희가 너무 좋아. 그리고 너무 싫어.

하리의 고양이 양육기

박유빈

　오늘도 하늘은 맑고 고양이는 아름답더구나! 사건이 시작된 그 날도 그랬었지. 그날 나는 매일 같이 옆집 아주머니댁에서 고양이들을 보고 있었어. 나는 옆집에서 고양이 뒷바라지도 도우며 시간을 보냈단다. 옆집에는 두 마리 고양일 키우는데 그중 암컷의 이름은 나나, 수컷의 이름은 방울이야. 둘이서 낳은 새끼들도 있는데 다들 너무 귀여웠지. 새하얀 털에 앙증맞은 작은 귀, 분홍색 폭신폭신한 네 발이 너무나 사랑스럽더라. 특히 벌써 우다다 뛰어다니는 것이 꽉 깨물어버리고 싶을 정도였다니까! 나나와 방울이가 아기들을 예쁘게 잘 키운 것 같아 새삼 뿌듯했지. 그날은 그 새끼 고양이들이 태어난 지 두 달 되는 날이었어. 그 전날, 아주머니께서 내게 물으시기를,

　"얘, 하리야. 이젠 내일이면 새끼 고양이들이 태어난 지 두 달 되는 날이구나. 다 큰 고양이 둘만 키우기도 이 아주머니는 벅차단다. 그래서 이제 아기들에게 새집을 찾아주려 하는데 괜찮다면 하나 데려가지 않으련? 부모님 허락 맡고 내일 데려가면 돼."

　나는 그 말을 듣고 좋아서 펄쩍펄쩍 뛰었어. 내가 실제로 새끼고양이를 키울 수 있다니…! 하마터면 기쁜 감정을 주체 못 해 날아갈지도 모르겠다고 생각했지. 그러나 아주머니의 마지막 말이 네게 큰 걸림돌이었어. 부모님의 대답이 확실했거든. 안 돼. 치! 하지만 어린 나로서는

이 귀중한 기회를 놓칠 수 없었어. 이런 기회는 내게 전에 없던 기회이고 앞으로 다시없을지도 몰랐거든. 이번 기회에 난 이전부터 꿈꿔왔던 많은 일을 할 수 있을 거야. 특히 볼 때마다 자기 고양이를 자랑하는 소꿉친구 다영이의 콧대를 납작하게 만들 수 있겠지. 방울이와 나나의 새끼들은 그만큼이나 귀여우니까. 그러니 이렇듯 소중한 기회를 어떻게 그냥 지나가게만 내버려 둘 수 있었을까. 기회가 오면 잡으랬어. 그러니 난 이 기회를 잡아야만 했지. 그래서 다음날, 아주머니께서 내게 묻자 난 말했어.

"음, 물론이죠. 허락 맡았어요. 그럼……. 아주머니 내일 봬요!"

그러고는 나는 새끼고양이 한 마리를 낚아채듯이 들고는 냅다 뛰었어. 아, 이게 뭔……. 내 말과 행동은 누가 봐도 거짓처럼 보일 터였어. 이제 아주머니가 나를 따라오시는 건 시간문제라는 생각이 들었지. 음, 하지만 다행스럽게도 아주머니는 내 말을 믿으시는 듯했어. 그렇게 하여 아홉 살의 어린 나는 새끼 고양이를 양육하게 되었지. 한숨을 돌리며 나는 보지도 않고 급하게 집어온 작은 생명체에게로 눈길을 돌렸어. 무심코 집어온 녀석인데, 운 좋게도 가장 예쁘게 생긴 녀석이더라. 새하얗고 긴 털에 바다처럼 맑고 파란 눈은 엄마인 나나를, 동글동글한 얼굴형에 통통한 몸집은 아빠인 방울이를 닮았어. 똥꼬가 튀어나오지 않은 것을 보고 암컷임을 알 수 있었지. 이제 내 고양이니까 새 이름을 지어줘야 할 듯싶었어.

"아가야, 네 이름을 뭐로 하면 좋을까?"

"애에- 옹!"

작고 가냘픈 목소리가 내게 대답했어. 아, 이렇게도 사랑스러울 수가 있을까! 눈에 넣어도 안 아프겠다는 말은 이럴 때 쓰는 말이려나. 솜털처럼 보드라운 새끼 고양이의 긴 털을 쓰다듬으며 난 마침내 정했어.

"아가야, 네 이름은 지금부터 보들이야."

또다시 작고 가냘픈 대답을 기다리던 나는 밑을 내려다보고는 따뜻한 미소를 지었어. 피곤했는지, 보들이가 귀여운 아기천사 같은 모습으로 내 품 안에 잠들어 있었거든. 나는 잠든 보들이를 데리고 조심히, 천천히 나의 아지트로 향했어. 나의 아지트는 사실 처음부터 내 것은 아니었지만, 안 쓰는 창고를 사람들에게 허락 맡아 아지트로 쓰는 것이었어. 나의 비밀 아지트이니, 당연하게도 친구들이나 가족들에게는 비밀로 해두었지. 그나마 내가 이곳을 아지트로 사용한다는 것을 알고 있는 이들도 금방 까먹었을 터이니, 이곳은 나만 이용하는 공간이었던 거야. 그러니 내가 이곳에서 보들이를 몰래 키운들 아무도 알지 못할 테지. 막상 창고로 도착해보니 보들이가 지낼 장소로 적당하지 않겠다는 생각이 들었어. 그곳은 지저분하고, 고양이가 생활할 만한 시설들이 잘 갖춰져 있지 않았거든. 난 창고에 틀어박혀 있던 작은 상자에 아주 조심스레 보들이를 내려놓고는 작업을 시작했어. 먼저는 창고에 쌓여있는 물건 정리부터였어. 내가 아무리 많은 시간을 창고에서 보냈다지만, 대게는 마음에 안정을 찾거나 혼자 시간을 보내기 위해서 잠깐 온 거였지, 제대로 창고를 정리해본 적은 없었거든. 정리를 '제대로' 해보니 생각 외로 쓸 만한 물건이 많았어. 실밥이 조금 터졌지만 비교적 깨끗한 쿠션, 곰팡이가 살짝 핀 것 빼고는 멀쩡한 돗자리, 물이 다 마른 물티슈("물은 넣으면 되지."), 심지어는 오래된 디자인이긴 하지만 멀쩡한 인형용 유모차와 보들이가 사용하기 딱 좋을 만한 크기의 그릇도 두 개나 있었어. 그릇을 보니 보들이가 먹어야 할 사료가 떠올랐어. 우리 집에는 고양이용 사료가 없는데……. 조금 걱정이 되었지만, 오늘까지는 언젠가 모아두었던 세뱃돈으로 해결이 가능할 것 같았어. 내일 일은 내일 생각하지, 뭐. 어느 정도 물건을 정리하고 나니 이번에는 잔 먼지나 곰팡이 등이 많이 보였어. 창고에서 발견한 마른 물티슈에 물을 넣어 내 키가 닿는 데까지 최대한으로 다 닦아보니 나의 아지트는 그 전 어느 때보다도 깔끔한 모습이 되어있었지. 그 단계까지를 끝낸 뒤에는 온몸이 쑤실 정도로 피곤하고 힘들었지만, 생활기구들까지 모두 씻거나 닦고, 물그릇에 물을 채우고, 세뱃돈을 몽땅 털어서 사료를 사고, 산 사료를 밥그릇에 붓고 나서야 다리 셋인 의자에 걸터앉아 흐뭇한 표정으로 쉴 수 있었어. 이렇게까지 나 청소를 열심히 한 적도 처음이었단다.

나도 모르는 사이 난 잠들었고, 까끌까끌한 무언가가 샌들만 신은 나의 발을 간질이기 전까지는 아무것도 모르고 세상 편안하게 잠에 빠져 있었어.
"으음……. 보들아, 왜 그래?"
여덟 살 때 방과 후 시간을 잘 지키지 않는다고 부모님께서 사주신 손목시계가 벌써 6시 30분을 가리키고 있었어. 보통 6시에 밥을 먹으니 30분이나 늦은 거네! 나는 집으로 헐레벌떡 뛰어가며 급한 와중에도 보들이가 잘 있는지, 보들이가 마실 물이 충분한지, 문을 제대로 잠갔는지, 열쇠는 챙겼는지를 모두 확인하였지. 내가 늦은 시간에 도착하니 역시 엄마는 날 다그치셨어.
"오늘 왜 이렇게 늦었어! 아빠랑 내가 얼마나 걱정했는지 아니? 너 이때까지 어디 있었어!"
잠깐 순발력을 발휘해 머리를 굴려서 난 핑곗거리를 생각해 냈어.
"다영이네 집에서 영화 보다가 잠들었는데, 아무리 깨워도 제가 안 일어났대요."

엄마가 다영이 엄마와 다툰 지 얼마 안 됐기에 엄마는 다영이 엄마한테 전화해서 물어볼 수는 없었을 거야. 엄마는 덕분에 (여전히 뿔난 말투였지만) 얼른 밥 먹고 올라가서 공부하라는 말로 그쳤어.

이튿날 아침, 나는 학교에 가서 내내 어떻게 보들이의 사료를 마련할 수 있을지만 생각했어. 그리고 마침내 점심시간, 엄청난 아이디어가 내 머릿속에 스쳤다. 나는 "아! 그거지!"라고 소리치며 젓가락을 집어 던졌어. 나는 멋쩍게 웃으며 급히 점심을 먹고는 집으로 달려왔지. 나의 일과가 매일 그랬듯이 난 아주머니의 집으로 갔어. 그러고는 전보다 훨씬 더 열심히 고양이 뒷바라지를 도왔지. 나나와 방울이의 밥그릇에 사료를 채워주며 난 아주머니께 간곡히 부탁했어.

"아주머니, 어제 데려간 새끼고양이가 제가 주는 사료를 잘 먹지 않아요. 사료에 적응하지 못하는 것 같은데 처음 며칠 동안은 아주머니네 사료를 사용해도 될까요?"

아, 이번에는 전혀 떨지 않고 잘 말했어. 아주머니댁으로 가는 길에 열심히 연습한 덕이었지. 내 엄청나게 느는 연기 실력 덕분인지 아주머니께서는 아주 흔쾌히 사료를 내주셨지. 딱 하루쯤 분량처럼 보였어.

"오, 아주머니, 너무 감사해요!!"

나는 가벼운 발걸음으로 창고에 도착했어. 그러고는 창고 문을 열자, 아주 끔찍한 냄새가 창고 안에 진동했어. 윽……. 그리고 펼쳐지는 광경이란! 보들이는 여전히 천사 같은 모습이었지만, 창고 안의 군데군데에 거의 검은 색의 똥 덩어리와 누런 오줌이 뉘어져 있었어. 심지어는 나와 보들이가 앉을 곳인 돗자리까지도. 세상에! 내가 이걸 생각하지 못했다니.

"어우 보들아! 더러워, 더러워!!"

그렇지만 이젠 땡전 한 푼 없는 내가 패드를 살 수도 없고, 고양이 모래와 화장실을 살 수도 없고……. 어쩌겠어. 그냥 치워야지……. 생리현상인데 뭐라 그러겠어. 미안해, 보들아. 언니가 잘못했어……. 나는 그래서 한쪽 손으로 코를 막고, 다른 쪽 손으로는 물 묻힌 물티슈를 들고는 보들이의 똥오줌을 치우기 시작했어. 어우 냄새……. 구역질이 날 뻔할 때도, 내 소중한 고양이니까, 하고 생각하며 어느 때보다도 인내심을 끌어모아 끝까지 청소를 마쳤지.

마지막으로 보들이의 똥꼬를 닦으며, 한결 밝아진 목소리로 보들이에게 말했어.

"보들아! 언니하고 산책이나 하고 올까? 잠깐 환기도 해야겠고, 기분 전환도 할 겸."

나는 어제 청소를 하다가 구석에 세워둔 인형 유모차를 끌고 와서는 보들이를 유모차 위에 조심스레 올려두었어. 다행히 보들이도 인형 유모차를 마음에 들어 하는 것 같았고, 크기도 어느 정도 맞았지. 우리는 근처 공원에 도착했어. 공원에서 다영이가 여섯 살짜리 동생 다운이와 함께 비둘기를 쫓고 있었어. 덜커덩덜커덩. 내가 유모차를 끌고 그들 주변으로 갔지.

"다영아, 안녕? 다운이도 안녕?"

"그래. 안녕, 하리야. 근데 그 유모차는 뭐니?"

나는 보들이를 안아 올리며 매우 뿌듯한 목소리로 자랑하듯이 말했어.

"아, 이거 말이야? 내 새끼고양이를 위한 유모차! 너무 앙증맞지?"

"뭐? 너……. 고양이를 산책시킨단 말이야? 야, 고양이 산책시키면 안 돼."

"아. 아니거든? 보들이는 산책 좋아해. 그리고 그것보다, 얘 너무 귀엽지 않아? 너희 집 쿠키만큼 예쁘지?"

"아니, 그럴 리가. 걔는 아기고 쿠키는 성묘잖아. 쿠키도 아기 땐 걔보다 더 귀여웠어!"

나는 시무룩해진 표정으로 보들이를 바라보았어. 만날 자기네 집고양이 자랑하면서 아무것도 안 키우는 날 놀리던 다영이를 놀라게 만들고 싶었는데. 보들이의 똘망똘망한 눈이 날 쳐다봤어. 이렇게 귀여운데. 이렇게 사랑스러운데. 보들이를 가만히 안아 들고 있는 내게 다운이가 말했어.

"하리 언니. 얘 너무 귀엽다. 나도 얘 키우고 싶어."

아래로 내려다보던 나의 눈이 다시금 기쁨으로 빛났어.

"그치, 다운아! 이리 와서 한번 안아볼래?"

다운이가 언니 눈치를 슬금슬금 보더니 보들이를 내게서 넘겨받았어. 다영이는 놀라 다운이에게 소리쳤지.

"야! 너는 이 콩알만 한 녀석이 쿠키보다 더 좋냐? 우리가 쿠키를 어떻게……. 어떻게 키웠는데! 너는 가족보다 처음 보는 남이 더 좋냐! 그래? 그렇냐고!"

다운이가 잔뜩 겁을 집어먹고는 내 뒤로 숨었어. 나는 아무래도 자리를 피하는 게 좋겠다 싶어서 슬며시 자리를 떠났지. 물론 보들이도 함께였고. 화가 난 언니를 피해 다운이도 나를 따랐어. 우리 셋은 곧장 창고로 돌아갔지. 다운이는 창고에서 내게 물었어.

"언니, 고양이 장난감은 있어? 보들이 심심해 보이는데."
"음, 아니……. 괜찮아! 우리 장난감을 한번 만들어 볼까?"
그러자 다윤이가 들뜬 목소리로 말했어.
"와, 재밌겠다!"
우리는 그래서 장남 감을 만들기 시작했어. 아주머니댁에서 봤던 막대기 장난감이랑 최대한 비슷하게 만들려고 얼마나 노력했는지….

공원에서 적당한 나뭇가지와 솔방울을 줍고, 머리 고무줄로 둘을 연결하니 꽤 그럴듯한 모양이었어. 다윤이도 같은 방식으로 만들었는데 너무 잘 만들더라고! 그러나 우리의 노력은 결실을 보지 못했어. 솔방울이 뽀족뽀족하니 무서운지 잘 가지고 놀지 못하더라고. 나는 진이 잔뜩 빠져 돗자리에 누웠어. 아, 이번에도 실패라니. 아무래도 고양이를 키우는 일은 생각보다 많이 힘이 드는 일인 것 같았어. 그리고 내일이 되면 또…….

우왝! 생각만 해도 몸서리가 쳐지는 그 일을 내가 다시 할 수 있을까? 육식성 동물답게 끔찍한 냄새가 나는 고양이의 똥오줌. 아무리 보들이 것이라지만 좀…….

옆에서는 아직도 에너지가 넘쳐 보이는 다윤이가 장난감을 최대한으로 고쳐보려고 노력하고 있었어. 역시나 우리 착한 보들이는 벌써 다윤이와 친해진 듯 다윤이의 곁에서 장난치고 있었지. 손목시계가 5시 40분을 지나고 있었어. 허, 시간은 참 잘도 가는군. 나는 사실 내일이 오지 않기를 바랐거든. 내일이 오면 또다시 그 일을 해야 할 테고, 나는 그날 꽤 피곤한 상태였거든. 나는 보들이와 단둘만의 달콤한 휴식 시간이 필요했어. 자리를 털고 일어나며 난 말했지.

"다윤아, 이제 너도 집에 가야겠다. 길은 알지?"

다윤이가 아쉽다는 듯이 말했어.

"아니. 가는 길 몰라. 다음에 또 와도 돼?"

다영이와의 고양이 자랑 대결에서 결정적으로 도움을 준 그때 일을 생각하며 난 고개를 끄덕였지.

"그럼! 보들이도 좋아할 거야."

나는 다윤이를 최대한 빨리 바래다주고는 다시 돌아왔어. 신호를 2번이나 오래 기다리는 바람에 시간은 벌써 5시 53분이었지.

'휴식 시간은 무슨! 제시간에 들어가기도 벅차겠네.'

나는 재빠르게 보들이의 물과 밥이 충분한지, 똥오줌을 덜 치우지는 않았는지, 정리는 잘 되어있는지, 보들이의 상태가 괜찮은지를 확인했어. 그러고는 헐레벌떡 집 앞으로 뛰어갔지. 시각은 딱 6시 00분이었어!

"아이고, 하리야. 요즘 왜 이렇게 급해? 남자친구라도 만나냐?"

장난스러운 아빠의 말투에 "아이고, 하리야."에서 잔뜩 했던 긴장이 스르륵 풀렸어. 난 또, 보들이에 대해 아빠가 알게 된 줄 알았잖아!

그날 저녁, 나는 잠자리에 들며 상상했어.

'보들이가 만약에 투명해질 수 있는 고양이라면?'

투명해진 보들이를 티 안 나게 들고 있는 나의 모습이 떠올랐어.

'나는 보들이를 몰래 데리고 와서 집에서 키우겠지. 보들이는 내 잠자리를 같이할 테고……. 물론 그럴 일은 없겠지만.'

나는 폭신한 침대 매트리스를 만져보며 보들이를 상상했어. 보들이와 같이 살 수 있다면….

다음날은 토요일이었어. 나는 아침 6시부터 일어나 밥을 대충 챙겨 먹고는 세수만 하고 창고로 향했지. 일찍부터 나서는 나를 보곤 아빠는 남자친구 만나러 가냐고 거의 확신해 차서 물으셨어. 나는 그냥 아주머니댁 새끼고양이 보러 간다고 말했지만. 창고 문을 열기 전에 침을 꿀꺽 삼키고는 엄청난 악취를 예상하며 (기분 탓인가?) 그날따라 너무나도 잘 열리는 문을 열었어. 좋은 건지, 나쁜 건지, 그날은 아무 악취도 나지 않고, 신기하리만치 조용하기까지 했어. 원래 엄청나게 활동적인 녀석인데 말이지. 나는 너무 일찍 왔나 싶었어. 그러고는 창고를 뒤지기 시작했지. 우리 아기 천사가 어디 있나, 하고. 방 전체를 빙 둘러보던 나는 보들이 대신 다른 것을 찾았어.

반짝이는…… 은빛…… 열쇠.

두려움이 나를 엄습해 왔어. 아니야, 침착해. 아니야, 그럴 리가! 하지만 현실을 부정해 봤자 뭐가 좋겠어. 그리고 내가 두려워한 그 현실은 내가 전날 문을 잠가두지 않았단 것을 모두 설명하고 있단 말이야. 두려움과 함께 엄마가 언젠가 설명해 주신 로드킬이 떠올랐어. 그리고 보들이가 그 희생자가 된다면?

"아아악!!"

나도 모르게 큰소리로 비명을 질렀어. 그때부터는 정말 제정신이 아니었던 것 같아. 머릿속에서 오만가지 생각들이 날 잡아먹어 버리는 듯했어.

'내가 정말 무슨 생각으로 보들이를 키운 거지? 거짓말까지 해 가면서 키웠는데 지금 와서 잃어버리면 아주머니께는 어떻게 말씀드려? 아, 불쌍한 보들이. 나 같은 나쁜!! 나쁜 주인을 만나서……'

보들이를 찾아야만 했어. 내가 벌인 일, 내가 수습해야 하니까.

나는 발작적으로 창고를 뛰쳐나와 보들이를 찾아 헤매기 시작했어. 꽥꽥거리며 미친 사람처럼 소리치며 필사적으로 수색했지.

"보들아! 보들아아―"

멀리서 사람들이 수군거리는 소리가 들렸어. 항상 날 놀리기만 하는 다영이마저 발작적인 날 피했어. 나는 눈물 콧물로 범벅이 되어 온 동네를 다 돌아다녔어. 내가 이렇게도 열심히 찾아다니는데, 하늘도 무심하시지, 보들이는 끝까지 찾지 못했어. 죄책감에 더욱 훌쩍이며, 나는 아주머니댁으로 발걸음을 옮겼어. 그러고는 나 자신도 정말 깜짝 놀랄 정도로 크게 쾅쾅쾅 현관문을 두드렸어. 옆에 초인종이 있다는 것을 까먹을 만큼 정신이 없었거든. 잠시 뒤, 여전히 너무도 친절하고 온화한 얼굴을 한 아주머니께서 놀란 표정으로 내게 물으셨어.

"어머, 하리야. 왜 그렇게 울고 있니."

"아주먼히……. 저……. 걔르흘 잃어버렸어요흐후흑새끼고양이…끕."

"새끼 고양이라니? 네가 데려간 애 말이니?"

"네흐흐흑……. 끕! 아주머니 죄…… 송애혀흐흑"

아주머니께서 정말 놀랄 정도로 차분한 표정으로 나에게 말씀하셨어.

"얘야, 그리 울 필요 없단다. 괜찮아."

갑자기 눈물이 쑥 들어가는 것 같았어. 괜찮다니? 보들이가 없어졌는데? 이건 또 무슨 말이란 거지?

"아주머니는 길 잃어버린 길고양이나 강아지들을 구출하는 일을 한단다. 오늘 아침 그 아이의 모습을 보고 바로 집으로 데려왔지. 여기, 데려가고 싶으면 다시 데려가렴."

당황스러움에 나는 몇 초간 머뭇거렸어. 다시 데려가도록 할까? 그 순간 보들이와 함께 했던 모든 순간이 떠올랐어. 매 순간 달콤했던 기억들……. 하지만, 하지만, 과연 내가 하나의 생명을 책임질 만한 준비가 되어있을까? 보들이가 몇 시간 동안 혼자였을 것을 상상하며 난 고개를 내저었어.

"아니요, 아주머니. 저는 아직 준비가 안 된 것 같아요……. 그것보다, 꼭 말씀드려야 할 것이 있어요."

나는 잠깐 숨을 몰아쉬고 있었던 일을 머릿속에 정리했어. 그러고는 정말 자세하게, 생각지도 못할 만큼 정직하게 모두 말했지. 모두 다 말해야만 보들이를 잘 책임지지 못한 내 죄가 씻겨 내려가는 듯했거든. 아주머니는 꽤 놀라시며 내게 말했다.

"아이고, 하리가 이번 경험에 많이 성장했구나. 고양이를 키우는 일의 힘듦도 많이 느껴봤겠구나. 나는 고양이를 좋아하는 사람이라면 이런 경험은 꼭 해봐야 한다고 생각한단다. 이번에 너의 경험은 귀중한 거였어. 그렇지만 이번에 나를 여러 번 속이기도 했구나. 그건 정말 잘못된 행동이었어."

"네, 아주머니. 저 정말 뉘우치고 있어요. 부모님께도 사실대로 말씀드리려고요."

"부모님께는 내가 잘 말씀드릴게. 나는 이번에 네가 하는 말을 듣고 이제는 네가 고양이를 진심으로 잘 키울 수 있겠다는 생각했단다. 부모님께도 이렇게 말씀드리려 하니까 다음에 또 키우고 싶을 때는 바로 집에 데려가도 되리라 생각해. 지금 하는 네 말이 진실이기를 바랄게. 아주머니는 고양이에 대해 많이 배우게 된 네가 자랑스럽다."

언제 울었냐는 듯 나는 금세 싱긋 웃었어. 이번에는 고양이를 집에서 키울 수 있어서가 아니었어. 그저 보들이가 안전하다는 것이 기뻐서였지. 보들이가 그리웠다는 듯 내 손에 머리를 비볐어. 나는 아주머니께 여느 때처럼 물었지.

"고양이 보다 가도 돼요?"

서랍 속 한여름

김은하

　매미가 울어대는 초여름이었다. 원래 살던 우중충한 집을 나와 정원이 딸린 2층 주택으로 이사를 했다. 1층에는 집주인이 살고 2층에 세입자로 사는 조건이었지만 옥상을 쓸 수 있단 말 덕분에 마냥 기분이 좋았다. 이삿짐을 정리하다가 새벽에 기절하듯 잠이 들었다. 눈을 떠보니 이전 집에서는 볼 수 없었던 채광이 비쳤다. 4시간밖에 못 잤음에도 불구하고 오랜만에 개운한 느낌으로 일어났다. 느긋하게 준비하면서 잠들어 있던 두리에게 인사를 했다. 두리는 2년 전 길가에 버려져 있던 아기 고양이었다. 두리는 이사를 하느라 스트레스를 받았는지 밥을 조금도 먹지 않고 케이지 구석에 자리 잡고 있었다. 괜스레 밀려드는 미안한 마음을 뒤로하고 출근했다. 아직 익숙하지 않아서 가다가 길을 잃어버렸지만 다행히도 지각은 면했다. 그렇게 평화로운 나날이 이어졌다.

　그러던 어느 날, 불행이 찾아왔다. 평소 건강하던 두리가 시름시름 앓기 시작했다. 어떤 이유인지는 모르겠지만 두리의 입에선 침이 질질 흘렀다. 털은 바싹 말랐고 숨소리는 점점 옅어져 갔다. 처음 겪어보는 상황에 두리를 붙잡고 울다가 정신을 차리곤 남자친구인 현수 오빠를 급히 불러서 곧장 응급실로 향했다. 의사가 말하길, 무언가 잘못 먹어서 잠시 쇼크가 온 것뿐이라고 했다. 다행히도 두리는 금세 회복했다.

조금 전까지 두리가 사경을 헤맬 지경이었는데 그냥 집으로 가는 게 맞는 건지 의문이었지만 다시 팔팔해진 두리의 모습을 보고 다음 날, 큰 병원에 가야겠다고 생각했다.

집에 도착하니 시곗바늘은 어느덧 새벽 3시를 가리키고 있었다. 늦은 시간이었지만 좀처럼 잠들지 못하고 생각에 잠겼다. 멀쩡하던 두리가 갑자기 그렇게 아팠다니 믿기지 않았다. 집에는 사람이라곤 나밖에 없었다. 밥도 매번 주던 걸로 줬는데 왜 그런 건지 이유를 도무지 알 수 없어서 뜬눈으로 밤을 지새웠다. 혹시나 두리가 다시 아프면 어떡하지, 라는 생각이 머릿속을 가득 메웠다. 출근하는 게 이토록 싫었던 적이 있었던가. 그렇게 하루가 흘러갔다. 시간이 지나자 두리는 무슨 일 있었냐는 듯 밥도 잘 먹고, 장난감 놀이도 하고, 잠도 잘 잤다.

취미로 등록한 요리학원에 가는 날이었다. 분주하게 준비하고 있었는데, 분명 화장대 위에 진열해 두었던 명품 향수들 중 하나가 보이지 않았다. 내가 젤 아끼는 화이트 머스크 향이었다. 요즘 피곤해서 다른 곳에 놔두고 잊어버렸겠지, 하고 생각하며 밖으로 나섰다.

수업을 마치고 집에 오니 에어컨이 켜져 있었고, 평소 퇴근한 나를 졸졸 따라왔을 두리의 모습이 보이지 않았다. 그렇게 더운 날씨가 아니어서 한동안 선풍기만 틀었는데 왜 에어컨이 켜져 있었는지 생각하며, 두리를 찾으러 다녔다. 두리는 옷방 작은 틈새에 숨어 몸을 바들바들 떨고 있었다. 어디가 아픈 건 아닌지 두리를 안고 몸을 살피니 가녀린 목소리로 애타게 울었다. 불안한 마음을 뒤로 하고 두리를 품에 꼭 안고선 잠이 들었다.

그 후로 집에서 자꾸만 이상한 일이 일어났다. 냉장고에 채워뒀던 달걀들이 사라지고, 큰마음을 먹고 샀던 코트, 쌓아뒀던 생필품, 하다못해 사료마저 비기 시작했다. 왜 계속 물건들이 사라지는지. 한 번이 아니라 확인할 때마다 눈에 띄게 없어져 버렸다. 믹서기와 다리미 등 가전제품도 사라지기 시작했다. 하루가 또 지나면 출장 갔을 때마다 사두었던 가방들이 감쪽같이 사라지고 없었다. 중요한 서류가 담긴 가방, 짝퉁 명품백, 종종 쓰는 에코백까지 없어졌다. 내가 잘못 본 거겠지, 하다가 일은 터지고 말았다. 혼자 사는 여자라 대놓고 베란다에 걸어두었던 남자 트렁크마저 보이지 않았던 것이다!

'혹시 변태가 드나드는 건가? 스토커면 어떡하지, 강도가 든 건가?'

별별 생각이 떠올랐다. 현관 비밀번호를 바꾸고 나서 CCTV를 설치했다. 또 경찰에 신고를 했다. 경찰은 술 냄새를 풍기며 집을 수색하러 왔다. 동료들끼리 한잔하고 있다가 일을 하러 오니 기분이 나빴던 모양이다. 경찰은 우리가 이렇게 한가한 사람인 줄 아냐며 짜증을 부렸다. 대충 훑어 보더니 진술서를 작성하고 10분도 채 있지 않아 떠났다. 경찰이 가고 1층 집주인에게 사정을 설명했다. 평소 세입자에 대해 일절 관심이 없어서 편할 거라고 일러주던 전 세입자의 말이 맞는 듯했다. 집주인과는 여태 한 번도 이야기를 나눈 적이 없었다. 이 집에 도둑이 들던 적은 한 번도 없다며 의아해하던 주인에게 물었다.

"혹시 CCTV 언제까지 저장되나요?"

그녀는 15일까지 저장된다고 답했다. 대화를 끝내곤 다시 집으로 올라갔다. 어째서인지 기분이 좋지 않았다. 생각해 보면 언짢은 게 당연했다. 경찰들은 잔뜩 신경질만 부리다가 가고, 집주인은 말도 안 된다며 믿지 않으니 말이다. 또 하루가 지나갔다.

한 달이 지나도록 경찰서에서는 아무런 연락이 없었다. 진술하러 오라더니 날짜도 말해주지 않았고, 직접 전화해 보면 바쁘다고 다음에 연락한다며 전화를 끊었다. 나의 불안감은 점점 커져만 갔고 집에 달린 CCTV의 개수도 늘어만 갔다.

  옆에서 이 사건을 모두 지켜봤던 현수 오빠는 걱정되는지 날 불러냈고, 오랜만에 데이트를 했다. 중간중간에 두리는 잘 있는지, 도둑이 들어온 건 아닌지 불안했지만, 옆에 있는 오빠를 보며 애써 신경 쓰지 않으려 했다. 오빠가 화장실에 간 사이 휴대폰으로 CCTV를 확인해 보니 아무런 화면이 보이지 않았다. 당황한 나는 돌아온 오빠에게 이 사실을 알렸고, CCTV 회사에 전화를 해 보니 인터넷이 끊기면 그럴 수 있다고 했다. 5분 정도 지나자 화면은 다시 돌아왔고, 아무런 흔적도 없었다. 안도의 한숨을 내쉬고 다시 데이트를 이어 나갔다. 그때 휴대폰에서 집 안에 침입자가 들어왔을 때 울리는 경고음이 울려 퍼졌다. CCTV는 다시 꺼졌고, 경찰에 신고하기 버튼이 화면에 떴다. 이젠 경찰을 믿을 수 없던 터라 오빠 차를 타고 당장 집으로 향했다. 그는 위험하다며 내 앞을 가로막으며 장우산을 들고서 현관문을 열었다.

  안에선 경고음이 여전히 시끄럽게 울리고 있었고, 오빠는 매서운 눈으로 집 안을 훑어봤다. 현관문 앞에 서 있었는데 어디에선가 인기척이 느껴졌다. 설마, 하며 옥상으로 향하는 계단 쪽으로 고개를 돌렸다. 옆집 창문으로 비치는 사람의 형태가 내 눈에 들어왔다. 마치 자신의 몸을 숨기려고 하는 듯 허리를 굽히곤 옥상으로 달려 나가는 모습이었다. 박스티를 입고 검은색 모자를 눌러 쓰고 있었다. 찰나의 순간에 본 건 그게 전부였다.

  온몸으로 퍼지는 공포에 손이 떨려왔다. 만약 내가 저 사람을 쫓아가다가 다치면 어떡하지? 칼을 들고 있다면 난 그대로 죽는 건가? 우리 두리는? 순간 수많은 생각들이 머리를 스치던 와중 결론이 나왔다. 쫓아가자! 죽어도 나 하나만 죽으면 되고, 보험도 들어놨으니 남은 가족들은 생활비에 허덕일 필요도 없다. 지금 따라가서 잡으면 이미 흘러간 내 시간들이 다시 돌아올지도 모른다는 바보 같은 생각에 무작정 뛰었다. 오로지 저놈을 드디어 잡을 수 있다는 생각으로 전력 질주했지만, 아무도 없었다. 범인을 놓쳤다고 생각하자 다리가 풀리며 간신히 참고 있었던 울음이 터져 나왔다. 울음소리를 듣고 황급히 나온 오빠는 상황을 파악했는지 곧장 경찰에 신고했다.

CCTV에는, 1층에 위치한 두꺼비집의 전기를 끊은 뒤 집에 들어왔다가 다시 전기가 들어오고 경고음이 울리니 황급히 빠져나가는 범인의 모습이 생생히 담겨있었다. 나와 눈이 마주친 그놈이 여태 우리 집에 들어왔던 건가? 멍한 표정으로 허공을 바라봤다. 곧이어 경찰이 도착했고, 덩치 큰 남자가 있어서 그런지 몰라도 경찰은 저번처럼 짜증 내지 않았다. 깜깜하던 1층 주인집에서도 불이 켜졌다. 오빠가 돌아가고 깜깜해진 집 안으로 들어갔다.

보이지 않는 두리를 찾았다. 이번에는 다른 곳에 숨어 있었다. 이제껏 일어났던 상황의 모든 퍼즐이 맞춰졌다. 물건이 없어진 건 내 착각이 아니었고, 두리가 아팠던 이유는 범인이 사료에 무엇을 탄 것이었다. 1층 주인집은 이 모든 것을 알고 있으면서도 침묵했다. 사실을 알게 된 난 더 이상 이 집에 머물 수 없었다. 가만히 있기만 해도 범인의 모습이 이토록 생생한데 미쳤다고 이곳에서 먹고 자고 할 텐가.

간단한 짐을 싸고 두려움에 젖은 두리를 케이지에 넣었다. 현관문 손잡이에 손을 대니 소름이 돋았다. 몇 개월 동안 그놈은 이 문을 열고 아무렇지 않은 듯 들락날락했다. 식은땀이 흘렀다.

'이 문을 열고 나갔다가 앞에 그놈이 있으면 어떡하지?'

순간 두려움이 엄습해오자 굳게 닫힌 문을 열곤 빠르게 뛰쳐나왔다. 무작정 뛰다가 걸음을 멈췄다. 돌아서 바라본 우리 집은 더 이상 우리 집이 아니었다. 아름답게 비춰오는 채광과 귀뚜라미 소리만 가득 채운 허름하기 짝이 없는 2층 주택만이 덩그러니 있었다. 이곳에서 행복을 누릴 수 있겠다고 굳게 믿은 내 자신이 등신 같았다. 아등바등 살아온 내 인생의 끝은 도망이었나 보다. 이젠 갈 곳도 없었다.

만약 범인이 내 주변 사람이라면? 집들이 때 다녀간 친구들인가? 그것도 아니면 1층 주인집? 지금 상황에서는 날 챙겨준 오빠마저 믿지 못했다. 부정적인 생각만이 머릿속을 가득 채우자 일단 잠이라도 자야겠다는 생각에 본가로 향했다.

충격이 컸던 탓에 한동안 회사에도 나가지 못했다.

일주일의 시간이 흐르자 난 서서히 안정을 찾게 되었다. 힘든 와중에도 빠져나가고 있던 관리비와 묶어뒀던 보증금이 계속 떠올랐다. 가족들과 짐을 빼러 다시 그 집으로 가게 되었다. 무서웠지만 그래도 여러 명이고, 운동하는 덩치 큰 남동생 둘이 있어서 안심되었다.

조심스레 집으로 들어와 빨리 짐을 챙겼다. 작은 방은 창고로 쓰고 있었는데, 그곳에 쌓아 두었던 옷들이 생각나서 향했다. 앞에서부터 차근차근 옷들을 상자에 담고 있었는데 끝으로 갈 때쯤인가 이상한 소리가 들렸다. 하던 일을 멈추곤 집중해 보니 억지로 숨을 작게 내쉬는 듯한 기척이 느껴졌다. 소리가 들리는 쪽으로 고개를 돌리니 창고 빙인, 오래된 세탁기가 방치된 공간 뒤에 작은 문이 나 있었다. 느낌이 이상해서 조용히 방에서 나와 남동생을 불렀다.

그것과 눈이 마주친 우린 그대로 얼어붙었다. 처음 보는 공간엔 여태 사람이 산 흔적이 있었다. 널브러진 과자봉지와 컵라면 쓰레기 더미

위에 구부정한 몸을 구겨놓은 사람이 있었다. 그 이상한 사람은 자신의 소리가 들리지 않도록 입을 막곤 기괴한 웃음을 짓고 있었다. 머리는 방금 감은 듯 내가 쓰는 샴푸 냄새를 풍기고 있었고, 없어졌던 내 잠옷을 입고 있었다.

그년은 갑자기 소리를 지르며 우리에게 달려들었다. 남동생들은 여자를 벽에 내동댕이쳤다. 바로 신고를 했고, 난 그대로 주저앉았다. 그 여자는 작은 소리로 중얼댔다. 하고 싶은 말이 많았던지 경찰서에 가서까지 주절거렸다. 신원을 캐보니 무직에 남은 가족이라곤 몸이 불편한 어머니뿐이었다. 도대체 어떤 이유에서 나한테 그런 짓을 했는지 도무지 이해가 안 됐다. 조사하는 중에 고등학교가 나와 같은 곳이란 사실을 알게 되었다. 접점이 있었는지 곰곰이 생각했지만 하나도 기억나지 않았다. 시간이 흐르고 경찰은 자기들한테 맡기고 가라고 했다. 어떻게 편히 맡기고 갈 수가 있나. 그래도 내색하지 않고 자리에서 일어났는데 그년이 나의 손목을 잡아챘다. 그러곤 내 귓가에 속삭였다.

"병신같은 년."

이 말 한마디가 순간 머리를 띵, 하게 만들었다.

해가 쨍쨍하던 날이었다. 한 학기가 끝나가던 때쯤이라 거의 다 같이 다니는 무리가 있었고, 나 또한 그랬다. 하지만 그 중 하필이면 질 나쁜 애들에게 찍혀 새 학기부터 괴롭힘을 당하는 애들이 있었다. '이연지.' 그 애 이야기이다.

등교 첫날 어깨를 부딪쳤다는 이유만으로, 집이 가난하다는 이유만으로 몇 개월 동안 심한 왕따를 당했다. 나와는 별 상관없는 이야기였다. 내가 맞는 것도 아니고, 내가 돈을 뺏기는 것도 아니니. 운도 지지

리 없어서 불쌍하다는 생각뿐이었다.

그러다 일이 생겼다. 한 날은 이연지가 여태 당해왔던 일을 고발하겠다며 아이들의 진술을 받으러 다녔다. 하지만 아무도 이연지에게 도움을 주지 않았다. 어느 누가 미쳤다고 그 미친 애들이 찍은 아이를 도와줄까. 나도 그중 한 명이었다. 이연지는 울먹이며 나에게 와서 제발 진술해달라고 애원했다. 난 한숨을 쉬며 이연지를 봤다.

"아니 싫다고. 귀찮게 왜 이래? 네가 당했지 내가 당했냐? 왜 나한테 피해주고 지랄이야. 그러게 걔네한테 왜 걸려서는. 시끄럽게 굴지 말고 그냥 조용히 지내. 입 다물고 있으면 될 걸, 일을 크게 벌여서 난리야."

그러고는 뒤를 돌며 속삭였다.

"병신같은 년."

그때부터였다. 이연지가 학교에 안 나오기 시작한 건.

시간이 얼마나 흘렀을까. 나에게로 편지 한 통이 도착했다. "미도에게"라고 내 이름이 적혀있었다. 편지의 내용은 별다른 게 없었다. 자기는 잘 지내고 있다는 내용뿐, 별다른 이야기도 없었다. 특이한 건 보내는 이가 없다는 것이었다. 왠지 모르게 드는 찜찜한 마음에 편지는 서랍에 처박아버렸다. 그렇게 시간이 흘러 졸업했고, 여전히 이연지는 보이지 않았다. 더 많은 시간이 지날수록 난 이연지에 대한 기억을 잊어갔고, 그렇게 편지와 함께 이연지는 영원히 서랍 속에 머물러 있었다.

고작 그 한마디가 이렇게 큰 파장을 일으킬지는 상상도 못했다. 난 힘이 세지도, 돈이 많지도 않은데 왜 나서서는. 아마 지금쯤 이연지를 괴롭혔던 애들은 승승장구하며 잘 살 것이다. 걔네는 힘이 세고 돈도 많았으니. 내 말 한마디가 나의 인생을 망칠 것이란 걸 누가 알았을까?

그때 그냥 알아서 죽었으면 좋았잖아. 왜 다 지난 일 가지고 날 괴롭혀. 병신같은 년.

  그렇게 쨍하게 비춰오던 채광과 귀뚜라미 소리, 연지의 편지마저 어둠 속으로 가라앉았다. 아무도 바라봐 주지 않던 연지는 고이고 고여 돌이킬 수 없을 만큼의 상처를 입었고, 방관자들은 연지의 존재조차 잊은 채 행복하게 살고 있다.

화투

김건아

구피가 또 죽었다.

어항에는 퉁퉁 불어 부패한 구피의 시체가 가라앉아 있다. 나의 할머니, 최순옥 씨는 화투에서 이길 때마다 구피에게 밥을 주었다. 운이 좋아 많이 이기는 날이면 조그만 어항이 알록달록한 물고기 밥으로 뒤덮였다. 이기지 못하면 구피들은 온종일 굶어야 했다. 5연승을 거두고 왔던 날, 순옥 씨는 기분 좋다며 물고기 밥을 통째로 어항에 들이부었다. 그녀는 수전증을 앓고 있었다. 그 덕에 물고기 밥은 이리저리로 마구 쏟아졌다. 구피는 세 마리나 죽어나갔다. 좁은 어항이 밥으로 가득 차 산소 공급을 차단했기 때문이다. 이 일을 나는 '떨린 손 살인사건'이라 불렀다.

구피들을 데려가라는 성화에 못 이겨 순옥 씨가 죽기 몇 주 전, 그녀의 집을 찾아갔었다. 화투에서 이길 때마다 밥을 주던 이상한 버릇을 끊었어도 아끼던 구피까지 가져가라는 말에 의문이 들긴 했다. 바쁜 손녀란 걸 알고 있으면서도 하루도 거르지 않고 매일 전화를 걸어 구피를 가져가라고 했다. 미루고 미루다 순옥씨 집을 찾아갔을 때, 찜찜한 기분을 무시하면 안 됐었다.

그때 할머니에게 6마리의 구피를 받았는데 지금 남은 건 한 마리뿐이다.

할머니의 죽음 후 한 번도 구피들을 돌보지 않았다. 구피뿐만 아니라 어떤 것도 돌보지 않았다. 창가의 몬스테라도 누렇게 변하며 죽어갔다. 창을 통해 들어온 햇빛마저 이 집에선 산산이 부서지는 것만 같았다. 이 공간에서 남은 생명은 나와 마지막 구피밖에 없다. 하지만 이 물고기는 너무 무섭다. 볼 때마다 최순옥 씨가 생각난다. 못 견디겠다. 내가 만약 구피에게 밥을 주는 날이 올까?

할머니는 자살했다. 정확히, 안락사인데 스스로가 죽음을 선택했으니 자살이다.

안락사는 자살을 곱게 포장한 말이라고 생각한다. 그는 어떠한 말도 없이 혼자 죽음을 맞이했다. 4월, 네덜란드에 가는 비행기 표를 구해서 말이다. 가족들이 명절 때 준 용돈과 원래 가지고 있던 재산을 보태어 비행기 표와 안락사 비용을 마련했다고, 친척들이 말했다. 순옥 씨는 자신의 마당에 튤립이 피는 것을 보며 죽고 싶었다고 했다. 튤립은 4월에 피는데, 네덜란드에서 안락사를 허용한 시기가 2002년 4월이었다. 끼워 맞추기를 좋아하는 할머니답게 네덜란드에서 죽을 결심을 했다는 것이다. 게다가 세계 최초 안락사 허용국이니 네덜란드를 선택했겠지.

할머니가 떠나고 난 슬펐다. 거대한 슬픔이 나를 짓눌러 어떤 감정도 들어올 틈이 없었다. 몇 시간인지도 모른 채, 눈물이 말라 없어질 때까지 울었다. 조금 지나자 화가 났다. 할머니의 죽음이 이해되지 않았고, 혼자 죽음을 맞이했다는 게 미칠 것만 같았다. 지금은 공허하다. 내 몸에 아무것도 없이 싹 빠져나간 느낌이다. 무기력하기만 하고, 잠이 들면 영원히 깨어나지 못할 기분이 든다.

부모님 모두 직장에 다녀 할머니 집에서 유년기를 보냈다. 화투 치는 할머니 옆에서 플라스틱 어항 속 물고기들을 한참 들여다보기도 하고,

경로당에 들락거리며 요구르트를 하나씩 받아먹기도 했다. 중학교 때부터 다시 부모님과 같이 살게 되었다. 그 후부터 할머니를 자주 만날 기회가 없었다. 청소년기를 지나며 자연스레 순옥 씨와 서먹해졌고, 이 관계를 성인이 된 지금까지 유지하고 있었다. 할머니와 안 친하다면서 왜 3주 동안 침대에서 나오지 않냐고 누군가가 물을지도 모른다. 이유는 그거다. 할머니의 빌어먹을 편지 때문.

장례식은 파주에 있는 순옥 씨의 집에서 진행됐다. 당신 유언이었다. 장례식장에는 할머니를 알던 사람들만이 찾아와서 집을 찬찬히 돌아다니며 추억했고, 할머니의 영정사진 앞에는 국화 대신 형형색색의 꽃들이 놓였다. 그들은 돌아갈 때 할머니가 남겨놓은 자기 몫의 편지를 가지고 갔다.

죽음으로부터 100일 전, 할머니는 자신의 가족과 소중한 사람들에게 하루에 한 통씩 편지를 썼던 것이다. 나의 편지에는 할머니의 자살 이유와 삶의 조언, 또 마지막 부탁이 쓰여 있었다. 참고로 순옥 씨는 약물 주사로 죽었다. 어릴 때 주사가 너무 무서워서 병원에 가기 싫어했는데, 죽음 앞에서 용기를 내 보고 싶었다고 편지에 쓰여 있었다. 할머니의 오래된 폴더폰과 함께. 오직 내 편지에만. 할머니 집에서 자신에게 할당된 편지를 들고 읽다가 오열하는 사람들에게 휴지를 가져다주었다. 위로하는 척하며 슬쩍 편지의 내용을 훑어봤지만, 자살 이유와 마지막 부탁 같은 내용은 없었다.

아무리 읽어봐도 나에게만 이런 글을 쓴다는 이유 같은 건 없었다. 그녀와 나는 단순히 손녀와 할머니의 관계가 아니었던가. 마지막 부탁이라는 것은 장례식장에서 튤립을 놓고 간 사람들과 약속된 날짜에 할머니 집에서 화투를 쳐 달라는 것이었다. 그런 부탁이야, 뭐, 들어주면 된다. 단지 집 밖으로 나가기 싫을 뿐이다.

할머니가 죽고 나서 할머니에 대한 사랑이 생겼는지 몰라도 나가기 싫다. 부정적인 감정들을 견디기 싫다. 약속된 날짜를 다시 보니 할머니의 죽음 후 정확히 한 달이 지나 있었다. 심지어 네덜란드로 출발한 비행기를 탔을 시각, 오후 2시 20분. 대체 무슨 생각으로 그런 부탁을 남긴 건지, 마당의 동백나무 밑에 묻힌 할머니를 깨워서 묻고 싶은 심정이다.

일단 튤립을 놓고 간 사람들은 금방 찾았다. 보통의 장례식이라면 부조금을 성함과 함께 기록하지만 그녀의 장례식은 꽃의 종류, 색깔과 함께 사람 이름을 기록했다. 튤립은 총 세 명, 이름으로 짐작하건대 모두 할머니 나이대인 것 같았다.

한 번도 열지 않았던 할머니의 폴더폰을 켰다. 오래된 폴더폰의 갤러리에는 누군가의 돌잔치 사진, 마당의 고양이와 동백나무 사진이 있었다. 할머니와 다른 할머니들이 함께 찍은 사진도 보였다. 화투를 같이 치게 될 사람들이라는 걸 직감적으로 느꼈다.

갤러리를 나가려는 순간, 내가 보였다. 작년 추석 때 할머니 집 뒤뜰의 튤립을 쭈그려 앉아서 보고 있는 나, 안방에서 TV를 보는 나, 이불을 내팽개치고 평상에 뻗어 자는 나….

내가 틀렸다. 나만 할머니를 그냥 아버지의 어머니로만 생각했다. 할머니는 가늠할 수 없을 정도로 손녀를 사랑했다. 다 말라 없어졌다고 생각했던 눈물이 볼을 타고 흘렀다. 한참을 울다 갤러리의 마지막 사진을 보았다.

네덜란드의 튤립이었다. 할머니는 외롭게 죽은 게 아니었다. 타국의 거리를 거닐고, 마음껏 삶을 사랑하다 가신 것이었다. 항상 동네 노인들과 하루 종일 경로당 정자에 앉아 누렇게 닳은 화투를 치던 할머니가 생각났다.

  화투를 치러 갈 용기가 생겼다. 이 죽음은 그가 마지막으로 선택한 삶의 결말이니 나는 순옥 씨를 존중해 줄 필요가 있다. 아니, 존중해야 한다. 침대에서 일어나 죽은 구피들을 꺼낸 후 마지막 구피에게 밥을 주었다. 화장실로 들어가 세수했다. 거울 속의 나는 볼품없었지만 더 이상 공허해 보이지 않았다. 옷을 갈아입고 밖으로 나갔다. 햇볕이 따스했다. 3주 만에 날씨가 따뜻해졌는지 거리에 드문드문 반팔을 입은 행인들이 보였다.

  파주로 가는 기차표를 끊었다.

아가미 인간

정효린

　해인은 유독 생선을 좋아했다. 그 사건이 일어나기 전날 밤도 해인은 굴비, 조기, 갈치, 꽁치 등 온갖 종류의 생선을 몇 토막씩 위장 속으로 밀어 넣었다. 오죽 좋았으면 가방에 달린 키링과 새로 산 볼펜, 학교 책걸상 위에 붙여져 있는 스티커들까지 죄다 생선으로 뒤덮여 있을까.
　장담컨대 해인의 또래 중에서 그만큼 생선에 집착하는 사람은 없을 것이다. 다들 유행하는 아이돌과 애니메이션에 몰두했을 때 해인 혼자서만 생선에 매료되어 있었다. 어쩌면 그건 동경에 가까울지도 모르겠다. 또래들이 동경하는 아이돌을 닮고 싶어 하는 것처럼 해인은 때때로 깊은 바닷속을 유영하는 생선이 되고 싶었다. 미지의 심해에 닿을 때까지 자유롭게 헤엄치고 싶었다.
　해인이 6살 때 아버지가 빗길 교통사고로 죽었다. 그때부터였다. 해인의 생선에 대한 집착에 가까운 사랑이 시작됐던 때가. 그녀는 자신이 동경하는 생선들을 끊임없이 잡아먹고, 먹었다. 마찬가지로 다 먹어 치워 더 이상 꼬리 짓을 할 수 없는 생선들을 떠올리며 해인은 자신도 그것들처럼 되고 싶은 꿈을 꾸었다. 그건 일종의 충동에 가까웠다. 고등어 등 살을 한 점 떼 낼 때마다, 조기의 꼬릿살을 헤집을 때마다, 꽁치의 중간 가시를 쫙 발라낼 때마다 내 목에는 아가미가 생기고 가슴에 지느러미가 돋아나며 온몸이 은빛 비늘로 덮이는 상상을 했다.

"엄마, 나는 생선이 될래. 커서 엄청 커다란 생선이 될래. 세상을 집어삼킬 정도로 커다란 생선이 될래."

어릴 적 꿈은 공영방송에서 본 빨간 머리 인어 공주가 아닌, 그 옆에 꼬리표처럼 붙어 다니는 로열 엔젤피쉬 플라운더였다. 그 노랗고 앙증맞은 물고기가 뻐끔뻐끔 숨을 쉬며 바닷속을 뚫고서 나한테로 안겨들 것만 같았다.

눈을 떠보니 벌써 7시 20분. 시끄럽게 울리는 알람 시계는 서랍 위에서 금방이라도 발치에 떨어질 것 같이 흔들거렸다. 서둘러 알람 시계를 끄려 했다. 어? 뭔가 이상하다. 팔이 잘 펴지지 않는다. 목이 바짝 탄다. 금방이라도 말라서 가루가 될 것만 같다. 친구도 잘 사귀지 않고 온종일 니모를 찾아서만 뚫어지게 들여다보고 있으니 고질병이라도 생긴 건가. 어제까지는 분명 괜찮았는데 숨도 잘 쉬어지지 않는 몸뚱어리 때문에 괜히 신경이 곤두섰다.

비틀어질 것 같은 몸을 애써 일으켜 본다. 엄마는 역시 하나뿐인 딸을 먹이고 키우느라 출근하고 없었다. 유일한 가족 구성원이 없는 자리가 유난히 쓸쓸하게 느껴졌다. 깨금발로 살금살금 걸어 화장실로 걸어갔다.

그런데 화장실이 이렇게 멀었던가. 화장실 거울로 마주한 나 자신은 별다를 게 없었다. 어제와 같은 흰동가리 수면 안대와 목이 실짝 늘어나고 발목이 짧아진 플라운더 잠옷이 그녀가 아직 살아있음을 암시하고 있었다. 그렇지만 이 미묘한 기시감은 대체 뭘까. 거울 속 자신은 분명 어제랑 똑같은데. 타는 듯한 목마름은 대체 뭐란 말이냐. 아가미가 돋아날 것 같았다.

욕조에 물을 받고 몸을 담갔다. 평소엔 반신욕을 할 때 거품이 나는 입욕제를 꼭 넣었는데, 지금은 그런 게 사치였다. 따듯한 온수가 나를 휘감는 이 느낌은 꼭 엄마 뱃속에 다시 들어온 것 같이 포근했다. 머리가 울리는 느낌이 잠재워졌다. 물에 머리를 박고 싶었다. 심장을 물에 푹 담그고, 콩팥을 물속에 심고 싶었다. 꾹꾹 몸을 곧게 접어 최대한 웅크렸다. 그러고 보니 잠옷도 벗지 않은 채로 물에 들어가 있었다. 그게 뭐가 됐든 지금 해인은 크게 개의치 않는다. 그저 파묻히고 싶었.

물속에 들어가니 막힌 숨통이 트이는 것 같았다. 물속에 오래 있으면 오히려 숨이 막혀야 하는 거 아닌가. 이상하게도 숨이 잘 쉬어졌다. 가볍게 가라앉는 것 같았고, 너무나도 편했다. 영원히 물에 잠겨있고 싶었다.

휴대폰에서 진동이 울렸다. 인어공주 OST 중에서도 가장 좋아하는 언더더씨가 지금은 마냥 요란하게만 느껴졌다. 그냥 다 조용해졌으면. 아무도 호흡을 방해하지 않았으면 했다.

그러나 계속 울리는 진동 소리에 그녀는 짜증이 섞인 탄식을 내뱉었다. 물 밖으로 몸을 빼내자 잠옷에 무거운 추가 가득 매달린 듯 해인을 질질 끌었다. 바다에 있는 소금을 모두 빨아들인 듯 더럽게 축축하고, 짜고, 무거웠다. 휴대폰을 거칠게 집어 들고 전화의 저편을 찾았다. 수신자 돌고래 세림으로부터 온 부재중 전화 6통이 그녀를 난감하게 만들었다. 세림은 그녀의 몇 안 되는 친구이자 등교 메이트였다. 이름 앞에 붙어있는 돌고래는 사랑하는 사람 앞에만 붙여주는 수식이었다. 지금은 멀어졌지만, 10년 지기 소꿉친구였던 예진의 저장명 앞에는 날치, 돌아가신 아빠의 저장명 앞에는 고래, 엄마의 이름 저장명 앞에는 문어가 붙어있었다.

돌고래란 수식어는 청량함을 좋아하는 세림을 위해 특별히 붙인 이름이었다. 세림의 전화가 다시금 울렸다. 지금 안 받으면 정말 세림마저 잃을 것 같다는 생각에 서둘러 전화를 받았다. 그러자 휴대폰 너머로 세림이 화를 내는 게 느껴졌다. 벌써 8시 10분인데 아직도 안 나오면 어떡하냐는 소리였다. 벌써 50분이나 지나갔구나. 물속에 들어갔다 나오니 시간이 금방 지나가 있었다.

세림에게는 먼저 가라고 통보한 후 급하게 하복으로 갈아입었다. 마르지 않은 머리에서 물이 한 방울씩 떨어졌다. 책가방을 메고 신발을 구겨 신은 후 학교로 향했다. 물에서 나오니 다시 머리가 어지러웠다.

바깥 날씨는 일기예보대로 화창했다. 내리쬐는 태양 빛이 그녀의 목마저 조르는 것 같았다. 3층 교실까지 거의 기다시피 해서 올라갔다. 종이 울리고 약 2분 후에야 교실에 도착할 수 있었다. 원래라면 왜 늦게 왔냐며 버럭 화를 낼 담임 선생님이지만 오늘은 비가 오지도 않았는데 흠뻑 젖은 머리칼과 식은땀을 보며 별말 없이 자리로 들어가라 했다. 서둘러 자리에 앉으니 뒤편에서 세림의 따가운 눈초리가 느껴졌다. 아무래도 단단히 화가 난 듯하다. 반 아이들 모두가 자신을 비웃는 것 같았다. 얼어붙은 교실의 분위기가 해인을 짓눌렀다.

1교시는 해인이 가장 싫어하는 영어였다. 영어 선생님은 유독 깐깐하기로 유명했다. 망할 마귀 할망구. 해인은 속으로 욕을 내뱉으며 책상 위에 엎드렸다. 머리가 무거웠다. 종이 치고 영어 선생님이 교실에 들어왔다.

"거기 엎드려 있는 애, 나와서 문제 풀어라."

역시 선생님 눈에 걸렸나보다. 물에 젖은 솜 같은 몸을 이끌고 칠판으로 걸어갔다. 칠판 위에 써진 영어 문자를 해석하는 문제였다. 'alligator'

이 한국어로 뭐였지, 분명 알고 있었는데. 'allgator'. 'allgator'. 아리가 또?

"아리가또."

아리가또라니. 도대체 무슨 말을 뱉은 걸까. 머릿속이 혼란스러웠다. 교실이 온통 웃음바다로 바뀌는 건 한순간이었다. 깔깔대는 아이들 속에서 유일하게 웃지 못하는 건 해인 혼자였다. 스스로가 너무 한심하게 느껴지는 순간이었다. 창백했던 얼굴이 토마토만큼 시뻘겋게 변했다. 홍당무가 된 해인이 황급히 교실을 빠져나왔다. 뒤에서 선생님이 해인의 이름을 부르는 것 같았지만 그냥 달렸다. 4층 복도에 있는 화장실에 다다른 후, 세면대에 얼굴을 묻었다. 데일 듯 뜨거운 얼굴이 제법 식혀지는 것 같았다.

10분 정도 지났을까. 세림이 화장실로 들어왔다. 계속 교실에 돌아오지 않는 해인을 보고 세림을 보낸 듯하다. 선생님 눈에는 해인과 가장 친해 보이는 친구가 세림이었을 테니.

"야, 이해인."

세림이 해인에게 따지듯 물었다. 아직 아침에 쌓인 화가 안 풀린 것 같았다. 세림은 다른 아이들의 놀림을 받고 친구들과 어울리지 못하던 해인을 기다려 주는 유일한 친구였다. 그런 그녀를 몇십 분이나 기다리게 했으니 화가 날 법도 했다. 언제까지나 가해자 처지인 해인은 바닥만 쳐다보고 있을 수밖에 없었다.

"이해인, 너 나한테 할 얘기 없어?"

그러자 다시 해인을 추궁하는 목소리가 들렸다. 어디서부터 엉킨 건지 짐작할 수조차 없었다. 아침에 일어나 보니 탈수가 온 것 같다고? 물이 없으면 쓰러질 것 같다고? 어떻게 말을 해야 세림이 믿어줄까. 내뱉고 싶은 말들이 목을 힘껏 간지럽히다 이내 물거품이 되어 사라졌다.
　말이 없는 해인을 보고 세림은 짧은 한숨을 뱉었다.
　"너 요즘 진짜 왜 그래? 무슨 일 있어? 난 우리가 이런 것도 못 털어놓는 사이인 줄은 미처 몰랐다."
　속사포 같은 세림의 말이 해인을 어지럽혔다.
　그런 게 아닌데. 해인은 그녀가 가장 소중한데. 목 끝까지 가득 찼던 진심들은 입을 열자마자 공기 속으로 훌훌 날아갔다. 꼭 하고 싶은 말, 그리고 꼭 전해야 할 말이 있었지만 세림은 그런 마음을 아는지 모르는지 발걸음을 뗐다.
　쉬는 시간을 알리는 종이 시끄럽게 울리고, 해인은 교실로 돌아갔다. 반 친구들이 모두 해인을 쳐다보는 시선이 느껴졌다. 따가운 눈초리를 견뎌낼 자신이 없었던 해인은 황급히 가방을 챙겼다. 담임 선생님이 계신 교무실로 뛰어갔다. 교무실 문을 열자 힘겨운 숨소리가 교무실을 울린다.
　"선생님, 허억, 저 조퇴 좀 도와주세요."
　7교시까지 버틸 자신이 없었기에 조퇴를 택했다. 조례 때부터 초췌한 상태였기에 선생님은 곧장 조퇴를 허락해 주셨다.
　집까지 가는 길이 고역이었다. 정말 생선이라도 된 듯이 걷기가 힘들었다. 살갗은 비늘이 돋고 동공은 어안이 되어 가는 듯했다. 그래서 죽을힘을 다해 파닥거렸다. 지나가는 행인 하나쯤은 날 구해주겠지, 라는 심정으로 계속 파닥거렸다.
　집에 도착하자마자 신발을 대충 던져두고 욕조에 물부터 받았다. 엄마는 딸이 아픈 걸 선생님한테 분명 연락받았을 것이다. 그런데도 해인에게 걱정 어린 문자 한 통 보내지 않는 걸 보면 어지간히 바쁜 게 아닌가 싶었다. 애꿎은 세면대 거울을 툭툭 치며 화풀이했다. 그냥 모든 게 마음에 들지 않았다.

물을 받으면서 동시에 샤워기로 얼굴에 물을 뿌렸다. 지금 이대로라면 혼자여도 괜찮을 것 같았다. 친구 따위는 있어도 그만, 없어도 그만이라고 해인은 생각했다. 숨통이 트이는 것 같았다. 몸을 접어 무릎에 팔을 둘렀다.

사실 해인은 바다를 모조리 삼키고 싶었다. 증발할 빗물까지도 온통 없애버리고 싶었다. 그러면 비가 오지 않을 테고, 아버지가 돌아가실 리도 없었을 텐데, 하고 해인은 속으로 생각했다. 그러나 이미 지나온 과거이고 되돌릴 수는 없었다.

하염없는 기다림은 해인을 지치게 했다. 결국 체념할 수밖에 없었다. 해인은 다녀온다며 한참을 돌아오지 않는 아빠를 기다리고, 그녀를 먹여 살리기 위해 열심히 일하는 엄마를 기다렸다. 해인이 초등학교를 입학하기 전엔 할머니가 해인을 돌봤다. 하지만 할머니마저도 건강이 악화되어 병원 신세를 지자 해인은 늘 혼자일 수밖에 없었다. 학교를 다녀오면 늘 차게 식어있는 집 안과 혼자임을 알려주듯 시계 초침 소리밖에 들리지 않는 거실에 점점 익숙해지고 있었다. 아빠가 죽고 엄마가 바쁜 게 꼭 자기 때문인 것만 같아 마치 짐 덩어리가 된 기분이었다.

욕조에 들어간 지 꽤 된 것 같은데 엄마는 아직 올 기미가 안 보였다. 따뜻한 물을 받아놓았지만 금세 식어 입술이 보랏빛이 되어갔다. 물 안에 있을 때는 누가 자신을 감싸주는 느낌이라 나가기는 싫었다. 나가면 또다시 혼자가 될 것 같았다. 꾹 입술을 누르고 손을 꽉 쥐었다. 날카로운 손톱 때문에 손바닥에 피가 나는 게 느껴졌다. 몸이 오들오들 떨리고 정신이 희미해졌다.

꿈속에는 바다가 나왔다. 황금빛 잉어가 춤을 추고 돌고래와 날치가 첨벙첨벙 날아다니며 작은 구피들이 해인의 주위를 빙빙 돌았다. 너무 행복해서 미소를 지었다. 그러다 갑자기 하늘이 어두워지더니 비가 내리기 시작했다. 물고기들이 마술처럼 사라지더니 어느새 차들이 시끄러운 굉음을 냈다. 빗물과 아스팔트가 부딪히자 유리가 쨍그랑하고 깨지는 소리가 났다. 저 멀리서 차 한 대가 오더니 이내 미끄러졌다. 아예 차 자체가 반쯤 찌그러진 것 같았다. 모여있는 사람들 사이를 비집고 들어가 보니 찌그러져 있는 차 안으로 커다란 고래의 형태가 보였다. 아빠를 닮은 고래였다.

고래의 숨구멍 주위는 찢어지고 배에서는 피가 흘렀다. 고래를 안아주려 손을 뻗었지만 단단하게 뭉쳐있는 사람들에 가로막혀 움직일 수 없었다. 점점 더 모이는 사람들에 밀쳐져 고래에게서 멀어져갔다.

식은땀과 함께 잠에서 깼다. 눈을 떠보니 세림과 엄마가 보였다. 병원 침대인 것 같았다. 아직 잘 쉬어지지 않는 숨을 가다듬었다. 엄마의 눈물 한 방울이 내 얼굴 위로 툭 떨어졌다.

간호사의 말을 들어보니 해인이 반신욕을 너무 오래 한 탓에 기립성 저혈압이 심해져 기절을 한 것 같다고 했다. 평소에도 가지고 있었던 병이었지만 최근에 유독 더 심해진 것 같았다. 해인이 욕조에서 쓰러지고 몇십 분 후 엄마가 발견해 구급차를 불렀다. 해인이 아프다는 소식을 듣고 회사에서 반차를 쓰고 황급히 뛰어왔지만 도착했을 때는 이미 해인이 쓰러져 있었다고 했다. 엄마는 급하게 뛰어오느라 신발까지 짝이 달랐다. 정신없이 구겨 신은 신발을 보니 해인도 눈물이 나올 것 같았다. 엄마 옆에는 세림도 있었다.

"내가 오전에는 말이 심했어, 미안해."

해인이 깨어난 걸 확인한 세림이 사과했다.

아침에 했던 말이 마음에 걸렸나 보다. 해인도 세림의 사과를 받고서는 엄마와 세림을 꼭 안아주었다.

다행히 하루 만에 퇴원 수속을 밟고, 한동안 엄마는 휴가를 내고 해인을 돌봤다. 세림과 함께 등교하며 친구들이 자신을 보고 수군거릴까 봐 걱정했다. 교실에 들어가니 해인의 책상 위에 생선 인형과 편지들이 많이 놓여있었다. 전날 조퇴를 한 해인을 걱정한 세림과 몇몇 친구들이 준비한 깜짝 선물이었다.

학교를 마친 후에는 아빠의 납골당에 갔다. 초등학교 때 해인이 납골당 유리 위에 붙여놓은 고래 스티커가 마치 웃음을 짓는 것 같았다. 해인은 이제 물이 없어도 어지럽지 않고 숨도 잘 쉬어진다.

그런데, 아가미는 어디로 사라졌을까.

작가의 말

친애하는 경쟁자들에게_ 김서윤
이 작품은 '나'를 3인칭 시점으로 글을 적어 보는 수업에서 적은 소설이에요. 그래서 소설을 적을 당시 저의 경험과 고민이 중심적으로 담겨있어요. 성적으로 경쟁해야 하는 학교에서 진정한 친구의 의미가 무엇인지 고민이었지요. 저에게 글쓰기란 '위로'입니다. 저는 어릴 적부터 일기 쓰는 걸 좋아했어요. 생각이 많거나 속상할 때 일기로 하루를 정리하면 기분이 나아졌어요. 저의 경험을 소설로 녹여내면서 글을 쓰는 것도 일기처럼 저에게 위로가 되었어요.

하리의 고양이 양육기_ 박유빈
작품을 쓰며 참 즐거웠습니다. 내용에 제가 고양이를 키우며 하고 싶었던 일들을 많이 담았거든요. 제가 쓰며 느꼈던 만족감을 주인공 하리와 독자 여러분들께서도 온전히 느꼈기를 바랍니다.

서랍 속의 한여름_ 김은하
영재원을 다니며 많은 작품을 썼지만 '서랍 속 한여름'을 쓰며 여러 생각이 머릿속을 채웠다. 학교폭력에 대해 깊이 생각하고 사례를 찾아보며 사회는 아직도 피해자를 보호하지 않는다고 느꼈다. 행복하게 살고 있는 가해자, 방관자들과는 달리 피해자는 찾아오는 몇 번의 여름이 지나도 그때의 아픔을 묻어두지 못한 채 서랍 속 편지와 함께 머물러 있었다. 작품을 쓰면서 사지에 몰린 피해자를 보호하고 처벌받아 마땅한 자들이 사회로 나와 행복한 모습을 볼 수 없는 사회를, 나를 포함한 우리 모두가 함께 만들고 싶어졌다. 이 글은 나에게 있어 잊지 못한 글이 되리라 다짐하며.

화투_ 김건아

제가 쓴 첫 소설 '화투'는 할머니의 죽음에서 사랑을 발견하게 된 주인공의 이야기입니다. 제 글을 읽은 한 사람이라도 행복해하는 글을 쓰고 싶습니다.

아가미 인간_ 정효린

아가미 인간이라는 소설을 쓰면서 나답게 숨 쉬는 법을 배웠다.

값진 삶이라는 건

신진아

"……으."
온몸이 뜨겁다. 마치 불에 타는 것처럼…….
후덥지근한 열기에 나는 감았던 눈을 뜬다.
'여긴 어디지?'
주위로는 사각형의 벽이 둘러싸여 있고 앞으로는 유리 벽이 보인다. 유리 벽 너머에는 어떤 거대한 존재들이 바쁘게 움직이고 있다.

삐삐-
이 큰 기계에서 '삐' 거리는 소리가 난다. 난 왠지 모를 두려움을 느끼며 주위를 둘러본다.
그때 한 사람이 그 기계 앞으로 다가와 유리 벽 쪽을 열며 우리들을 꺼내간다.
'내체 어디로 가는 거지?'
뜨거운 열기에서 빠져나오니 상쾌한 기분도 들었지만, 대제 내가 어디로 가서 어떻게 될 것인지가 불확실했다.
그 사람은 나를 어느 테이블 위에 올려놓고는 어디론가 가버렸다.
나의 옆으로는 다른 과자 같은 것이 가득 놓여 있었다.
"……이게 뭐야! 과자들이 잔뜩……"

내 주위로는 여러 철판이 놓여 있었고 와플처럼 사각형 모양이 찍혀 있는 과자들이 잔뜩 있었다. 내가 당황해서 소리를 지르니 저 옆쪽 철판 위에 있던 과자가 나를 휙 쳐다보았다.

"과자들? 너도 과자잖아. 신입이라서 잘 모르는 거니?"

과자? 내가 과자라고? 그러자 내 옆에 있던 과자가 말했다.

"우린 어차피 포장지에 묶여서 누군가에게 먹히는 게 다야."

"그게 다라고요?"

거울 같은 것이 없어 내 모습을 보지는 못했지만 그렇다고 저 과자들이 거짓말을 하는 것 같지는 않았다. 나는 일어나려 발버둥 치다 결국 진이 빠져 가만히 누워 있었다.

"그러니까 괜히 힘쓰지 말고 조용히 있기나 해. 그게 우리의 역할이야."

"그럴 리가 없잖아요! 우리도 충분히 가치 있게 살 수 있잖아요."

그 말에 옆에 있던 과자는 에휴. 하며 한숨을 내쉬고는 더는 말을 하지 않았다. 다들 가치 있게 살 생각은 안 하고 그냥 먹히겠지, 하며 가만히 있었다. 난 그런 과자들이 이해되지 않았다.

'두고 봐, 내가 최고의 인생을 보낼 거라고!'

나는 그렇게 다짐하며 다른 과자를 따라 누워있었다.

잠시 뒤, 몸에 남아있던 뜨끈한 열기가 전부 식었을 때쯤, 다시 사람들은 우리를 데려가 어느 기계 위에 두었다. 그러자 기계가 끼긱거리는 소리를 내며 움직이더니 나를 포장지 안으로 넣었다. 그러고는 '탁' 소리가 들리며 나무상자 속으로 여러 포장지가 쌓여갔다. 마침내 상자가 가득 찼고, 상자는 닫혀 버렸다. 상자가 닫히니 끝없는 어둠이 펼쳐졌다. 빛이라고는 저 상자 위로 들어오는 한 줄기의 빛뿐이었다.

나는 당황스러워하며 주위를 둘러보았지만 금세 어둠 속에서 잠이 들었다.

얼마나 지났을까, 눈을 뜨자 밖에서 시끌벅적한 소리가 들렸다.

"흠, 어떤 걸 사지? 일단 꾸이 하나랑…… 버터와플도 맛있겠다!"

그 순간 상자가 덜컹거리며 들어 올려지는 것 같았다. 어딜 가는지 영문도 모른 채, 난 그저 그 손을 따라 어딘가로 향하고 있었다.

"네, 결제되었습니다."

바깥에서 들리는 소리에 귀를 기울이며 상황을 파악하고 있었다. 그때 그 사람이 내가 있는 상자를 열었다.

"나머지는 집에 두고 일단 이것만 들고 가야지."

나는 손에 집어져 가방으로 들어갔다. 내 옆으로 '꾸이'라고 적힌 과자도 들어왔다.

"아파라……. 몸 부서지는 줄 알았네!"

내가 푸념을 늘어놓자, 옆에서 꾸이가 날 째려보았다.

"좀 조용히 해. 난 시끄러운 건 딱 질색이야."

난 그 말에 괜히 기분이 나빠져 꾸이에게 대꾸했다.

"진짜 너무하네. 나도 너 같은 예의 없는 과자는 싫거든?"

"나도 니 같은 버터와플 싫거든? 버터와플은 이름만 번지르르하고 그냥 와플 따라한 거잖아."

와플 따라한 거라니? 완전히 틀린 말은 아니지만 나는 그 도발에 화가 났다.

"나도 너 같은 꾸이 싫거든?"

"됐어, 이러면 시간만 아깝지. 어차피 곧 먹혀 죽을 텐데."

그 뒤로는 우리는 서로 대화하지 않았다. 잠시 적막만이 흐르다, 밖에서 소리가 들렸다.

"어, 너 여기서 뭐 해?"

"나야 뭐…… 글 쓰고 있지?"

아마도 나를 산 사람과 친구 관계인 듯하다. 나는 호기심이 생겨 몰래 가방 밖을 구경하고 있었다.

'저건 뭐지?'

앞에는 큰 식탁 하나가 놓여 있었고 그 위에는 아름답게 꾸며진 무언가가 있었다.

"넌 누구야?"

나는 그 무언가에게 말을 걸어보려 했고, 그러자 그것이 나를 휙 돌아보며 말했다.

"나? 아름다운 디저트, 와플이지!"

와플의 위에는 휘핑크림이 올려져 있었고 메이플 시럽이 반짝거리며 그 위를 장식했다. 그 모습은 본인 스스로 아름답다고 칭할 정도로 아름다운 모습이었다.

"그러는 너는…… 편의점에서나 파는 버터와플이잖아?"

그 말투는 분명, 날 무시하는 태도였다.

"편의점에서 온 건 맞는데, 왜?"

"네가 공장 같은 곳에서 태어나서 나 따라 하고 다니는 애 아냐?"

본인이 잘났다고 그러는 건지.

"나는 너와는 다르게, 정성이 담겨 만들어진 디저트라고. 그런 공장에서 기계처럼 만들어지는 과자와는 수준이 다르지."

"공장이 뭐 어때서! 어떻게 태어나든 모두 정성이 담긴 거야!"

어디서 태어나던 다 정성이 담긴 거지, 공장에서 태어나면 정성 없는 기계고 카페 같은 곳에서 태어나면 정성 담긴 디저트라는 건가. 나는 속에서 끓어오르는 화를 꾹 참았다.

"하암…… 왜 이렇게 시끄럽지?"

가방의 깊숙한 곳에서 낯선 소리가 들려온다. 나는 와플을 뒤로하고 그 소리를 찾아갔다.

"누, 누구야?"

그러자 가방 속에서 몸을 일으키는 한 과자가 있었다.

"너도 처음 듣는 목소리인데……. 신입이니?"

포장지에 '고소미'라고 적힌 과자가 나에게 다가왔다. 깊은 잠을 자고 일어난 그 과자는 기지개를 켜며 잠이 깨려고 노력하고 있었다.

"난 고소미라고 해. 여기서는 오래 살았지. 만나서 반가워!"

"나는 버터와플이야. 잘 지내보자!"

고소미는 반쯤 졸린 듯한 얼굴로 나를 보며 미소 지었다.

그때 다시 와플에게서 목소리가 들렸다.

"허, 당연히 이런 가게에서 손수 만들어지는 것과 공장에서 무한정 생산되는 것은 다르지!"

아무래도 본인 말이 반박당하니 기분이 상한 것 같았다.

고소미는 그런 와플에게 말을 건넸다.

"그럼 뭐가 그렇게 다른지 말해 봐."

"뭐? 당연히 정성도 다르고."

와플은 말문이 막혔는지 더 말을 잇지 못하고 있었다.

"거봐, 너도 모르지?"

"무, 무슨 소리야!"

그때, 안에서 가만히 있던 꾸이까지 그 말싸움에 끼어들었다.

"잘 모르면 말하지 마시지. 우린 정성이 없다고? 그런 말도 안 되는 소리 그만해."

"역시 공장에서 생산되는 애들은 이렇다니까? 예의도 없고."

꾸이는 그러자 화가 난 건지 와플에게 차갑게 쏘아붙였다.

"내가 버터와플은 와플을 따라 하는 것이라고 생각했는데, 너 같은 예의 없는 와플은 버터와플 급도 안 되잖아."

그 말에 와플은 창피한 건지 혼자서 무언가를 중얼거렸고 우리도 그냥 조용히 가방으로 들어갔다.

"진짜 예의도 없네. 저런 녀석은 공장 과자는 질 떨어진다, 이런 얘기 할 자격도 없다니까? 어떻게 버터와플 보다도 성격이 별로냐."

"야, 방금 뭐랬어?"

그러자 꾸이는 풋, 하며 웃고는 쉬러 간다며 가방 깊숙이 들어갔다.

"쟤는 원래 저런 성격이야?"

"뭐, 그렇지? 처음에는 날 좀 무시했지만. 그래도 나쁜 애는 아니야."

그 말에 고소미는 킥킥 웃었다.

"뭐야, 사이 나쁜 줄 알았는데. 생각보다 나쁘지 않나 봐?"

"그거 놀리는 거야?"

나와 고소미는 서로 마주 보며 웃었다.

그러다 고소미는 휴, 하며 숨을 깊게 내쉬었다.

"난 사실 이곳에 오래 있었어. 한 일주일 정도? 저 주인이 날 사놓고는 그냥 방치해 두었거든."

내가 궁금하다는 듯 쳐다보니 고소미는 다시 말을 이었다.

"그냥 저 주인이 날 산 걸 잊어버렸다는 거야. 근데 왠지 너를 보니까 처음 이곳에 왔던 때의 생각이 나네."

"여기에 왔던 때? 무슨 일이라도 있었어?"

고소미는 나를 보며 깊은 생각에 잠긴 듯 보였다.

"그때는 나도 너처럼 호기심도 많았고…… 또, '값진 삶'을 살고 싶어 노력하던 과자였거든."

값진 삶. 그 말을 듣자 잊고 있던 무언가가 탁 떠오르는 기분이었다. 그건 내가 처음 이곳에 오게 되었을 때부터 계속해서 꿈꿔왔던 목표였다.

어쩌면 고소미는, 이것을 알고 있지 않을까 싶은 생각이 들었다.

"고소미, 사실은 나도 값진 삶을 살아가는 게 꿈이야. 그래서 말인데, 나에게 값진 삶이 무엇인지 알려줘."

고소미는 잠시 머뭇대더니 미안하다는 표정으로 답했다.

"값진 삶이 뭔지는 나도 잘 몰라. 하지만 지금은 값진 삶보다 누군가에게 행복을 주는 게 더 멋진 삶이라고 생각하고 있어."

그 대답은 내가 원하던 내용과는 정반대였다.

"……그래도 방법이 있지 않을까? 그 누구보다 가치 있고 멋지게 살 수 있을 거잖아."

"너무 멋지고 가치 있는 삶을 살려고 애쓰지 마. 내가 지켜보니까, 그런 엄청난 삶을 살 수는 없더라고."

……정말 방법이 없는 것일까? 눈앞의 희망이 사라지는 기분이었다.

"사실대로 말하자면, 와플의 말이 완전히 틀린 건 아니야."

"뭐?"

"공장에서 만들어진 과자도 정성이 없는 건 아니지만 이런 곳에서 하나하나 정성이 담겨서 만들어진 것과는 달라."

"아니야! 우리도 사람들이 열심히 만든······."

고소미는 고개를 저었다.

"우리는 저런 화려한 디저트도 아니야. 그러니까 포기하는 게 나아."

나는 그 뒤에 무슨 말을 할 수가 없었다. 그러자 고소미도 어색하게 아무 말도 못 하고 있었다.

나는 지금까지 무엇을 바란 걸까. 방금 그 말 때문에 마지막까지 남은 불꽃마저 사라져 가는 것 같았다.

'아니야······. 방법은 있어. 난 그 누구보다 멋지게 살 수 있다고!'

그렇게 계속 다짐해 보았지만, 마음속으로는 자신이 없어졌다. 어쩌면 다른 과자들의 말이 맞을지도 모른다.

밖에서는 여전히 시끌벅적한 소리가 들려왔다.

"야, 너 와플 조금만 먹는다며!"

"미안, 내가 다음에 사줄게!"

대강 들어보니 지연이 친구의 와플을 다 먹어버려 서로 투닥거리는 것 같다. 갑자기 그 얘기를 듣는데 와플이 생각났다.

'그러는 너는······ 편의점에서나 파는 버터와플이잖아?'

난 그저 와플이나 따라한 과자이며, 화려하지도 아름답지도 않다. 정성 없이 그저 공장에서 무한정 생산되는, 값진 삶이라는 터무니없는 생각에 빠져있던 한심한 과자.

가치 있는 삶이란 건, 애초에 나 같은 공장에서 태어난 볼품없는 과자에게는 꿈꾸는 것마저도 불가능한 것이었다.

둘은 가게를 나와 작별 인사를 나누고 있었다. 갑자기 지연은 날 집더니 친구에게 건넸다.

"현아야! 자, 와플. 됐지? 그럼 난 간다~"

지금 나보고 와플 대신이라고 준 거야? 나도 황당했지만 그 친구도 무척이나 당황한 듯 보였다.

난 지금 그 친구를 따라 어딘가로 가고 있다. 그곳이 어딘지도 모른다. 당황스럽기도 하지만, 그저 따라갈 뿐이다. 완벽한 삶을 꿈꾸지 않는, 평범한 과자들이 하는 것처럼. 공허한 도시를 바라보았다. 번쩍이는 불빛, 사람들의 소리. 난 그 사이, 아주 작은 버터와플이었다.

현아는 본인의 집으로 걸어가다 내 포장지를 쭉 뜯어서 과자를 입에 넣었다. 아무래도 상관없다. 다른 과자들처럼, 어차피 피할 수 없는 운명이니까. 그러자 버터와플이 와플이라고 우기던 지연을 생각하며 어이없다는 듯한 표정이면서도, 과자를 먹으며 미소 지었다.

미소였다. 그리 환한 웃음도 아니지만, 후련하다는 듯 웃고 있었다. 그때, 왠지 모르게 마음 한편이 따스해지는 것 같았다. 갓 태어났을 때, 그때의 온기처럼 공허한 마음에 새로운 희망이 펼쳐지는 순간이었다.

어느덧 집에 도착한 현아는 본인의 노트북을 열어 메모장을 띄웠다. 그 메모장의 한쪽에는 '작가: 현아'라고 쓰여 있었다.

'작가인가 보네. 조금 봐도 되겠지?'

메모장에는 에세이를 쓴 듯하고, 글자들이 가득 적혀 있었다.

현아는 메모장을 켜고 가방에서 나를 꺼내 과자를 먹었다. 그러자 무언가 번뜩 떠오른 건지 타닥타닥 타자를 치기 시작했다.

완벽하지 않은 하루이지만, 버터와플도 와플이라고 우기는 친구처럼 완벽하지 않은 하루여도 완벽한 하루라고 우겨보고 싶다. 별거 아니지만, 조금 바쁘긴 해도 기분 좋은 나의 버터와플 같은 일상들.

'버터와플 같은 일상이라니.'

나도 모르게 풋, 하고 웃음이 나왔다. 현아는 글을 쓰며 행복해 보였다.

"버터와플 때문인지, 글이 더 잘 써지는 것 같기도 하고……."

기뻤다. 그 글을 완성하는 데 작은 도움이라도 줄 수 있어서 행복했다.

"버터와플아, 고마워. 덕분에 무사히 글도 완성하고……."

그리고 노트북의 전원을 끄다가 갑자기 킥킥대며 웃었다.

"나도 참, 그렇게 말해도 과자가 들을 리가 없잖아."

아마 현아는 내가 그 말을 듣지 못할 것이라 생각하고 말했을 것이다. 애초에 과자가 살아있다고 생각할 사람이 몇이나 될까?

나는 현아에게는 들리지 않겠지만, 진심을 담아서 말했다.

"나도 고마워. 네 덕분에 다시 희망을 가질 수 있었어."

시간이 지날수록, 나는 점점 사라져 갔다. 다른 과자들과 같은 마무리였다. 하지만, 이제야 알 것 같다. 정말 의문이었던 고소미의 말도 이제는 약간이나마 이해할 수 있었다.

내 삶은 다른 과자들과 비슷했다. 그리 완벽하지도, 값지지도 않았다. 하지만 행복했다. 값진 삶이라는 꿈도 이루어지지 못했지만, 다른 누군가에게 미소를 줄 수 있었다. 그 사실이 완벽하지 않은 내 삶을 비로소 완벽하다고 느끼게 해주었다.

현아의 에세이처럼, 나도 내 삶을 마무리하며 마지막으로 한마디 해보고 싶다.

나는 다른 과자들처럼 그리 값지고 멋진 삶을 살지 못했다. 어쩌면 나는 애초에 그렇게 살지 못할 운명이었을지도 모른다. 그저 수수한,

어느 공장에서 태어난 과자였다.

하지만, 나는 남에게 행복을 줄 수 있는 과자였다. 다른 화려한 디저트만큼은 아니지만 그 누군가에게 미소를 짓게 만들어 줄 수 있는 과자였다.

날 사주었던 지연, 처음에는 투닥거렸지만 고마운 친구인 꾸이, 물론 조금 재수 없긴 했지만 진지하게 고민해 볼 수 있게 도와준 와플, 현실적인 조언에 충격을 받기도 했지만 큰 도움을 준 고소미, 그리고 내가 진정한 값진 삶이 무엇인지 깨닫게 해 준 현아에게.

값진 삶이라는 건, 이런 건가 봐. 행복했어, 고마워.

여름의 퇴마사

윤성주

딴딴 딴딴딴~ 딴딴 딴딴 딴~

경쾌한 알람 소리에 놀라 눈을 번쩍 떴다. 눈을 천천히 끔벅거리며 휴대폰 알람을 끄고 그대로 침대 위에 일어서자 커다란 창문 밖이 훤히 내려다보였다. 하늘이 맑았다. 구름 한 점 없었다. 아니, 그렇게 보였다. 사실 밝은 먹구름이 가득 차서 구름 한 점 없다고는 말하기 어려웠지만, 그래서 더 좋았다. 조금 시끄럽긴 해도. 중학교 첫날. 누구라도 기대하며 두근거리고 걱정될 날이다. 물론 날 포함해서.

하지만 나의 두근거림은 새 학기만을 향한 것이 아니다.

"다녀오겠습니다~"

아침도 대충 먹고 평소보다 30분은 더 빨리 집을 나왔다. 중학교가 등교 시간이 조금 더 빠른 것을 고려해도 꽤 이른 시간이다. 밖으로 나오니 봄이라곤 믿을 수 없을 정도로 차가운 공기가 얼굴을 덮쳤다. 공기를 힘껏 들이마셨다.

최고의 날씨다. 귀신 잡기에.

내 이름은 류여름. 현재 만 12세. 백혼중학교 1학년 신입생이자, 2년 차 퇴마사다.

귀신을 잡는다고 해서 뭔가 정의로운 퇴마사라던가 그런 건 아니다. 자원봉사 차원이라던가 하면 그것도 아니다.

사실 우연히 재밌어서 시작한 거다. 혼자 하지만 혼자는 할 수 없는 것. 인간이었던 무언가와 마주하는 것. 정당한 싸움을 하는 것. 나에게 퇴마란 그냥 그런 것이다. 말하자면 은밀한 취미생활이랄까.

1지망으로 써서 바로 배정받은 백혼중은 생각보다 꽤 괜찮은 학교였다. 주변 학교에 비해 넓기도 했고, 꽉 막히진 않았지만, 양아치는 허용하지 않는다. 라는 분위기가 마음에 들었다. 담임 선생님과 반 아이들의 분위기도 비슷했다. 물론 첫날의 인상으로 모든 것을 알 거란 보장은 없지만. 아무렴 어때. 내가 더 궁금한 건 반 애들의 성격이 아니라 그들 뒤에 있는 한 맺힌 영혼들이니까.

그리고 바로 그때, 그 애가 왔다.

3교시 쉬는 시간. 무리하게 이른 기상의 여파로 졸음이 쏟아져서 눈을 붙이려던 참이었는데, 기습하듯 무언가 내 책상으로 다가왔다.

"안녕?"

밝고 예쁜, 그리고 조금 허스키한, 목소리가 내 책상 옆에 두 손을 턱 올리고는 나를 불렀다. 처음 들어보는 목소린데. 생각하며 고개를 들자 흐트러진 앞머리가 눈꺼풀 바로 아래까지 내려온 애가 눈을 반짝이며 날 바라보고 있었다.

아. 저런 애들 뭔지 알지. 처음 보곤 마음에 드는 애한테 바로 날녀드는 애들.

귀찮다는 생각이 잠시 스쳤지만, 첫날에 인사해주는 애를 내칠 만큼 귀찮진 않아서 그냥 순순히 인사를 받았다.

"어, 안녕."

어색하게 마주 인사하자 그 애는 즐겁다는 듯이 기분 좋게 웃으며 말을 이었다.

"여름이 맞지? 반가워!"

1학년은 5월부터 교복이 나오니 당연히 명찰도 아직 달지 않았다. 자기 소개할 때부터 봤다는 건가.

"응. 넌 서도화 맞지?"

다행히 얼굴과 이름이 매치가 잘 돼서 바로 이름을 맞출 수 있었다. 가끔 보면 이름과 얼굴 인상이 전혀 달라서 헷갈리는 애들도 많았다. 아무리 봐도 얼굴을 보면 나희라는 이름이 떠오르는 애의 이름이 혜서라던가. 하여간 어른들의 이름 짓는 법은 참 직관적이지 못하다. 얘는 나희에요. 얼굴과 분위기를 봐요. 누가 봐도 나희처럼 생기지 않았어요? 같은 건 이름을 짓는 기준이 되지 못했다.

"맞아! 알고 있었구나! 감동이다~"

이유가 어찌 되었건 저 애는 내가 본인 이름을 맞췄다는 사실에 감격해 눈을 크게 뜨고 기뻐했다. 도화, 복숭아꽃? 복숭아는 어쩐지 저 아이한테 어울리지 않았다. 그런데 복숭아꽃이라. 복숭아꽃을 닮은 모양의 얼굴은 아니었지만 왜 어울리는지 조금은 이해가 갔다. 얼굴의 모양새가 아닌 무형의 무언가는 복숭아꽃과 닮았을지도 모른다. 꽤 예쁜 얼굴이기도 하고.

"아무튼, 친구 할래? 이제 같은 반이니까."

"아, 그래. 잘 지내자."

대화가 당연히 끝난 줄 알고 다시 몸을 돌리려는 찰나, 그 애가 손에 들고 있던 포스트잇을 한 장 떼어 내게 건넸다.

"전화번호 좀 줄 수 있어?"

아. 입으로 소리를 흘려보낼 뻔했다. 처음부터 목적은 반 단톡방이었구나. 그것도 모르고 잠깐 기뻐했던 내가 민망해졌다. 첫날부터 단톡방 준비라니, 거참 쓸데없이 열심이네.

"그래."

그렇다고 주지 않으려니 애매했다. 단톡방 초대하면 알람을 꺼버려야지, 생각하며 주섬주섬 번호와 이름을 적었다.

"고마워!"

피식 웃음이 나오려는 걸 가까스로 참았다. 같은 또래 중 1 여자애가 이리도 허울이 없을 일인가. 확실히 보기 흔하지 않은 에너지였다.

한참 생각하며 이제 가기를 기다리고 있는데, 얘는 내 전화번호가 적힌 포스트잇을 받자마자 당연하다는 듯이 포스트잇 한 장을 더 떼서 내 책상에 나뒹구는 연필을 붙잡곤 본인 전화번호를 쓰더니 내 책상에 붙였다.

"고마워. 안녕~"

그리고 손을 흔들며 도화는 그 자리를 홀연히 떠났다.

'010-××××-×××× 도화:)'

하하. 참 정성적인 친구로군.

점심시간이 되어서야 본격적으로 교실 밖을 나다닐 여유가 생겼다. 점심을 최대한 빨리 먹었다. 그리곤 헐렁한 후드 집 업 양쪽 주머니에 든 퇴마용 종이칼(안에 나무젓가락을 넣어서 단단하고 잘 찢어지지 않게 만든 종이칼이다)을 만지며 1층 건물을 거닐었다.

"난리 났어, 아주……."

복도를 세심히 둘러보기가 무섭게 곳곳이 일그러지기 시작했다. 어느 학교나 귀신이 득실거리는 건 당연하지만, 괜히 100년 된 학교가 아니라는 듯 그 양과 힘의 크기가 엄청나게 무시무시했다. 그리고 그게 바로 내가 이 학교를 1지망으로 쓴 가장 큰 이유이기도 하지.

주위를 둘러보았다. 학년 교실이 없는 1층인 데다 계단과도 꽤 떨어져 있는 곳이라 딱히 학생들이나 선생님들은 보이지 않았다. 지금 당장이라도 싸울 수 있었다. 하지만 선뜻 종이칼을 꺼낼 용기가 생기지 않았다. 다른 날도 아니고 1학년 1학기 첫날이다. 만약, 정말 만약에 누군가 본다면, 그것이 내 첫인상이 될 것이다. 중학교에서 혼자 종이칼 휘두르던 애. 혼자 이상한 짓 하는 애. 이런 식으로 이상한 놈 낙인찍히면 어떻게 공격받을지, 방해받을지 모르는 일이다. 6학년 때는 분위기가 그러려니 하는 분위기였으니 망정이지. 너무 위험했다.

잠시만 참아야지. 학교 끝나고 한다고 해서 문제는 전혀 없다.

"어! 여름이? 여기서 뭐 해?"

밝은 미성의 목소리. 잠깐 이름 대신 목소리만 기억났다. 서도화. 그 복숭아꽃 비스름한 애던가?

"여름아!"

가볍게 뛰는 발소리가 순식간에 가까워졌다. 주머니에 들어있는 종이칼을 만지작거리던 손을 재빨리 빼고 고개를 돌렸다. 역시나. 도화가 아는 친구들로 보이는 애들을 뒤에 두고 내 앞에 서 있었다. 오늘 봤다고 이름을 그렇게 살갑게 부르다니. 누가 보면 오래된 친구라도 되는 줄 알겠다.

"왜?"

"아니, 뭐 하는지 물어보고 싶어서."

"아. 그냥 여기 뭐 있는지 둘러보고 있었어."

"그렇구나."

울렁.

순간 내 눈을 의심했다. 도화가 일그러졌다. 정확히는 도화를 감싸는 주위가. 온통 일그러지고 연기처럼 피어오르고 있었다. 귀신은 절대 그런 형태가 아니다. 연기같이 피어오르고 흐름을 타는 일그러짐이 아니다. 저런 형태는 아마….

영력.

그 영력, 그러니까 도화의 영력은, 누군가가 만든 방어막도, 묻어난 기운도, 우연히 흐름을 탄 것도 아니었다. 도화의, 날 때부터 오직 도화의 것이었다.

"어……."

너무 자세히 보고 있어서인가. 눈앞이 어질어질했다. 그것 때문에 조금 비틀거린 게 도화에겐 빨리 자리를 뜨려는 걸로 보였나 본지, 도화는 자리를 옆으로 비켜주었다.

"가볼게. 안녕."

"아, 그래. 있다 봐!"

조금 다운된 내 목소리에 흠칫 놀라는 눈치였지만 그런 걸 살필 여유가 없었다. 빠르고 큰 걸음걸이로 계단을 올랐다. 도화 쪽은 돌아보지 않았다.

서도화, 쟤 뭐지?

교실로 들어오고 난 후로 시간이 어떻게 지나갔는지 모르겠다. 교과 선생님들이 끊임없이 들어왔고, 끊임없이 선생님 소개를 듣고 자기소개를 가지각색의 방식으로 했다. 졸지도 않고 착실히 수업을 들었지만 내 관심은 온통 도화에게 쏠려 있었다.

맹세코 말하는데, 퇴마사가 된 지난 1년 동안 그렇게 완벽한 형태의 영력을 온전히 가지고 있는 사람은 본 적이 없다. 가끔가다 기질이 있는 사람은 봤어도.

이리저리 머리를 굴리며 생각해 봐도 뭐 하나 제대로 정리되지 않았다. 도화는 완전한 영력이 있다. 끝?

"저기 친구야? 네 차례야."

한참 동안 생각에 잠겨있다가 정신이 번쩍 들었다. 지금은 6교시. 좋아하는 것과 취미를 발표해야 하는 시간이다.

"아, 그렇네. 알려줘서 고마워."

점심을 거의 다 먹었는데도 학교가 끝나기 무섭게 배가 출출해졌다. 집에는 아직 귤이 한 박스 남아있다. 내가 제일 좋아하는 과일 중 하나가 귤이다. 과일이라면 거의 다 좋아하긴 하지만. 그래도 오늘은 바로 집에 갈 순 없다. 전에 미리 순찰 왔을 땐 건물 밖만 대충 훑을 수밖에 없었다 해도, 오늘부턴 아니다. 건물 안, 밖 모두 샅샅이 돌아다닐 수 있다. 물론 앞으로 학교 안에서 헤매고 다닐 일도 없어야 하니, 오늘 학교 탐방은 필수과제다.

복도 중앙에 있는 공간에 놓인 푹신한 의자 중에서 아무 곳이나 책가방을 던졌다. 학생들이 쉬는 시간과 점심시간에 쓸 수 있게 만들어진 공간이라 책가방을 던진다고 이상할 건 없었다. 지금 여긴 꼭대기 층인 5층. 5, 4, 3, 2, 1 순으로 내려가며 전체적으로 돌아다닐 계획이다. 아직 방과 후도 없으니, 조심해야 할 건 교무실, 행정실 같은 곳뿐이다. 여느 때보다 좋은 조건이다.

감각을 곤두세우면 곧바로 반응하는 건 귀와 눈이다. 귀로는 귀신들의 말소리와 아우성이 들린다. 눈으로 귀신이 보이진 않는다. 귀신이 있는 자리가 일그러져 보일 뿐. 일그러짐의 정도가 곧 귀신의 세기라고 볼 수 있겠다.

"나의 살~던 고향은~ 꽃피는 산골~"

학생 혼자 텅 빈 복도에서 노래를 흥얼거리는 것만큼 악귀의 신경을 건드리는 게 없다. 특히 누구나 아는 노래라면 더더욱.

'아아아아아악! 죽일 거야!'

이 정도 도발에 바로 달려드는 애들은 보통 조무래기 수준의 악귀다.

"그래그래. 어디 한번 죽여보도록 하렴."

양 주머니에서 종이칼을 꺼냈다. 이래 봐도 꽤 많은 영력이 들어간 칼이다.

"휙- 휘익-"

칼을 몇 번 휘두르자 그 악귀는 깔끔하게 사라지고 없었다. 이것이 다른 악귀들에겐 더욱 도발처럼 보이겠지. 그렇게 앞으로 걷고 뛰며 조금씩 더 센 악귀를 상대하는 것이, 내가 말하는 '퇴마'다. 시간이 지날수록 악귀는 더 센 놈이 더 많이 달려들고, 내 걸음은 달리기가 되고, 종이칼을 든 손을 쉴 새 없게 빨라진다. 그 가벼운 발걸음과 칼이 공기를 가로지르는 느낌을 난 즐긴다. 다른 사람이 본다면 대번에 미친놈인 줄로만 알겠지만.

그렇게 한참 신나서 2층에서 막 계단을 내려가던 참이었다.

"쿠당탕탕탕!!"

1층에서 무언가 부닥치는 소리가 요란하게 들렸다. 선생님인가? 근처에 붙은 악귀를 대충 정리하고 종이칼을 주머니에 숨겼다. 조심스럽게 계단을 내려가자, 상상치도 못한 광경이 펼쳐져 있었다.

"서도화?"

"그으으으……."

조심스럽게 앞에 다가가서 상태를 살펴보았다. 다친 데는 없는 것 같았지만, 지금 이 친구한텐 그게 문제가 아닌 것 같았다.

"크아아아악! 아아아악!"

도화는 이상한 괴성을 지르며 팔다리를 휘두르기 시작했다. 뭐 하는 거지? 미친 건가?

"야, 야! 진정해!"

제지하려 팔을 잡는 순간 머리에 뭔가 팍 스쳤다. 저릿저릿한 느낌이 도화를 잡은 손에서 팔까지 타고 올라왔다.

빙의!

재빨리 칼을 하나 뽑아 도화를 내리쳤다.

"으아아악!"

종이칼로 팔을 친 것뿐인데 도화는 격분했다. 효과가 있었다. 그냥 사람이라면 이게 그렇게까지 아플 리가 없지.

"타악! 타악!"

주먹으로 때릴까, 잠깐 고민했지만 그랬다간 도화까지 다칠 것이다. 같은 반 친구 구하다가 졸지에 학교폭력범이 될 순 없다. 몇 번인가 칼로 도화를 계속 쳤다. 물리적으론 다치지 않을 선에서.

"……."

괴성이 잦아들었다. 칼을 들고 있던 손을 내렸다. 혹시나 몰라서 팔을 휘휘 저어보고 아직 귀신이 붙어있나 살펴도 보았지만, 다행히 이상은 없었다. 아직도 도화의 영력이 여전히 도화를 감싸고 있긴 했지만.

"도화야, 서도화! 대답해!!"

축 늘어져 바닥에 앉아 있는 도화를 흔들어 깨웠다. 눈을 뜨고 몇 번 끔벅거리더니 다행히 입을 열었다.

"여름이?"

"그래. 나야, 류여름. 어디 아프진 않아?"

"아프진 않아."

"그럼 됐고. 너는 귀신에 빙의되었었어. 무슨 일인지 설명 좀 해줄 수 있니?"

"아······."

머릿속에 퍼즐이 조금씩 맞춰지기 시작했다. 완전한 영력, 빙의, 그리고 기가 센 것과는 거리가 먼 관상.

"혹시 너 퇴마사야?"

"어? 어떻게 알았어??"

도화는 그야말로 세상 얼이 다 빠진 표정이었다. 그 누구도 모를 거라고, 생각했던 건가.

"나도 퇴마사야. 다 보여. 기도 약해 보이는 애가 혼자 학교에서 퇴마한다는 게 말이 되니? 너무 위험하잖아."

나는 기가 세다. 너무너무 센 건지 너무너무 둔한 건지 모르겠지만. 다른 것에도 여러모로 둔하다. 귀신이 보이지 않는 것도 그 이유다. 전형적인 퇴마사의 체질이라곤 절대 할 수 없다. 하지만 그만큼 영력의 힘이 쓸데없이 강하기 때문에 혼자서 퇴마하는 내겐 안성맞춤이다. 그런데 도화의 경우는 다르다. 보아하니 어릴 때부터 그쪽 교육을 받았으면 모를까, 그렇지 않은 이상 평범하게만 살아도 귀신이 잘 꼬일 타입인데 거기다가 퇴마사가 되어서 그것도 학교에서 귀신을 잡으려 하다니. 지금까지 몸이나 정신이 멀쩡한 게 신기할 지경이다.

"그럼 너도?"

"나도 귀신 잡다가 이상한 소리 들리길래 온 거야. 하지만 나는 너만큼 위험하진 않아. 기가 세서."

"그렇구나. 오늘 봤는데 신세 져서 어떡하지. 진짜 고마워. 큰일 날 뻔했는데……."

"그래. 너무 쏘다니지 말고 얼른 집에 가서 짠 거나 매운 거 좀 먹어."

자리를 털고 일어서자 도화도 조심스럽게 따라 일어섰다. 나는 2층에 두고 온 책가방을 가지러 갔다. 오늘은 이만하면 됐다. 갑작스럽게 빙의한 애를 도와주느라 피로가 쌓이기도 했고, 무엇보다 너무 배가 고팠다. 주섬주섬 가방을 챙겨 계단을 내려가자 도화가 가방을 메고 기다리고 있었다.

"너도 지금 가려고?"

"어. 아무래도 죽다 살아났는데 다시 하기도 좀 그렇고?"

날 보며 애써 웃어 보이는 도화 앞으로 다가갔다. 여태까지 뛰어다닌 나보다 도화는 몇 배는 더 힘들어 보였다.

"혹시 팔찌 같은 거, 하고 다녀?"

"응? 아, 여기."

도화는 어리둥절한 표정으로 왼쪽 팔목을 보여주었다. 가느다란 까만 매듭 팔찌 하나가 눈에 들어왔다.

"있어 봐."

나는 팔목을 한 손으로 받치고 팔찌에 영력을 담으며 속으로 주문을 외우기 시작했다.

'악귀여 물러가라 악귀여 물러가라 사천왕께서 명하노니…….'

악귀 기피 주문. 나도 이유는 모르지만, 주문은 항상 이런 식이다. 언젠가부터 무의식적으로 알게 된 주문이었다. 한 번도 들은 적이 없는데도.

"자, 부적."

"아, 고마워!! 자꾸 도움을 받네……."

"암만 봐도 위험하니까 다른 파트너를 찾던지, 아니면 좀 안전하게 퇴마를 해봐. 조선 시대도 아니고 맨몸으로만 부닥치면 어째."

그 말을 하고 난 손을 흔들며 성큼성큼 걸어갔다. 딱히 할 말이 더 없기도 했고, 자꾸 고맙다며 어쩔 줄 몰라 하는 게 부담스럽기도 했다.

"잠깐만!"

얘는 그러고도 할 말이 더 있는지 내 가까이 까지 뛰어와선 나를 불러 세웠다.

"왜?"

"그 파트너, 네가 해주면 안 될까?"

헐. 예상치 못한 질문이다. 나는 그대로 멈춰 서서 3초 정도 심오하게 고민했다. 이게 맞나?

"……좋아."

내 말이 떨어지기 무섭게 도화는 내가 무슨 엄청난 선물이라도 준 것 같은 표정을 지었다. 이 애한테 너무 필요 이상의 도움을 퍼주는 것 같았지만, 뭐 아무렴 어때. 다른 퇴마사와 귀신을 잡아본 적은 한 번도 없었으니, 어쩌면 꽤 재밌는 경험이 될지도 모른다. 뭐, 맘에 안 들면 멀어지겠지.

"고마워! 그럼 내일 봐!!"

"그래~ 잘 가~"

이날이 바로, 나의 듣도 보도 못한 환장의 2인조 퇴마사 나날의 시작이었다. 다른 말로 하자면, 나의 평화로운 취미생활 하나가 사라져 버린 날이기도 했다

"으아아아아!"
"야! 그만 좀 뛰어!!!"
두 달 전까지만 해도 조용하고 평화로운 취미 퇴마사였던 나. 그 평화는 중학교 첫날부터 이 꽃다운 아가씨와 파트너가 됨과 동시에 아주 먼 과거의 일이 되어버리고 말았다. 정말이지 1년 만의 비극이었다.
"어떡해! 쟤 계속 쫓아오잖아! 빨리 뛰어"
얘는 도대체 이 험난한 세상에서 14살짜리 퇴마사로 어떻게 살아남아 온 걸까.
"쫓아오면 팰 생각을 해야지 도망가면 퇴마가 돼?"
나와 이 아가씨, 그러니까 도화는 현재 학교 근처에 있는 귀신 많은 아파트 단지 공터에서 미친 듯이 뛰고 있다. 이유는, 중간 보스급의 악귀가 우릴 쫓아오기 때문이고.
"아오, 가만 좀 있어 봐!"
답답한 마음에 결국 내가 먼저 걸음을 멈췄다. 겨우 저런 흔해 빠진 악귀 정도로 죽을 둥 살 둥 도망을 치다니, 내 자존심이 다 상했다. 결국, 올라오는 답답함에 뛰는 걸 멈추고 떡하니 버티고 있자, 악귀는 순식간에 내 앞까지 다가왔다. 칼을 꺼낼 타이밍도, 거리도 아니었다. 손안에 영력을 모아서 꽉 쥐었다. 악귀가 내게 닿으려 하는 순간, 나는 있는 힘껏 주먹을 휘둘렀다.
'까아아아악!!'

악귀가 비명을 내지르며 내 앞에서 떨어져 나갔다. 나는 악귀를 향해 몇 번인가 주먹을 더 휘둘렀다. 얼마 안 가 악귀는 금방 소멸했다.

"허억……."

그새 내 옆으로 다가온 도화는 안도와 감탄 섞인 숨을 내뱉었다. 하지만 반대로 나는 한숨이 쉬어졌다.

"하아……."

2인조 퇴마를 하게 되면서는 항상 이런 식이었다. 도화의 약한 기와 영력의 냄새를 맡고 이따금 악귀가 쫓아왔고, 도화는 악귀에게 빙의 당하거나 빙의 당할 뻔하거나 어쨌든 위험한 상황에 놓였다. 그럴 때마다 도화는 온 힘을 다해 도망갔고 가끔 여건이 되면 영력을 써서 붙잡아두거나 약하게 만들거나 봉인하는 게 전부였다. 답답함에 못 이겨 몸을 날려 귀신을 막고 패서 소멸시키는 건 항상 나였다. 파트너가 생겼다기보단, 내가 무슨 보디가드가 된 기분이었다.

"…… 괜찮아?"

그런데도 나는 습관적으로 도화를 도왔다. 내가 누굴 도와주려고 퇴마를 한 적은 한 번도 없었는데, 이상한 일이었다.

"응 나는 멀쩡해! 너야말로 괜찮아?"

"나야 뭐, 괜찮지."

왠지 모르게 도화의 얼굴을 보면 화를 낼 수 없게 되기 때문인가. 아무래도 예쁘장하고 분위기 있는 얼굴이라 그런 것 같다. 이런 외모지상주의자 같은 나여.

"아, 여름아, 주말에 시간 돼?"

"주말?"

주말에 학원이 있다거나 한 것도 아닌지라 시간은 항상 넉넉했다. 예외가 있다면 가끔 가족끼리 놀러 가는 것 정도? 그마저도 친구와 약속이 있다고 하면 아마 엄마 아빠는 기뻐하며 흔쾌히 보내주시겠지. "우리 여름이가 드디어 같이 놀 친구를 사귀었구나. 재밌게 놀다가 천천히 들어오렴." 하고.

그런데, 내가 마지막으로 주말에 친구랑 논 게 몇 살 때였더라?

"시간은 많은데……."

적당한 핑곗거리를 찾으려 눈알을 굴리는 찰나를 도화는 놓치지 않았다.

"그럼 우리 주말에 시내 가서 놀래? 점심 내가 사줄게!"

도화는 좋은 퇴마사는 아닐지 몰라도 좋은 친구인 것은 분명하다. 두 달 동안이나 나와 더 가까워지려고 노력하며 친한 친구처럼 대해 주었으니까. 항상 부담스러워서 은근슬쩍 조금씩 피하고 있었지만, 강한 악귀를 처리한 후라 기분이 좋아서 그런가, 오늘은 용기를 낼 수 있을 것 같았다.

"그러자. 점심은 안 사도 돼."

무언가에 홀린 듯 남은 평일을 보냈다. 주말이 다가올수록 심장이 빨리 뛰었다. 그것은 기대의 의미이기도 했고, 긴장의 의미이기도 했다.

그리고 드디어 토요일이 되었다.

나는 태어나서 거의 처음으로 약속 시간 2시간 전부터 부산스럽게 준비하기 시작했다. 초등학교 입학식과 졸업식을 할 때도 이렇게 열심히는 아니었으리라. 매일 입는 비슷비슷한 스타일의 후드점퍼와 반 팔 티셔츠 대신 1년에 한두 번 입을까 말까 한 초록색 얇은 난방을 꺼내고 청바지를 입었다. 거울 너머에 내 모습이 이렇게 어색하긴 처음이었다. 내가 연인과 데이트하러 갈 때도 이렇게 입기나 할까? 이런저런 생각을 하며 외출 준비에 정신이 팔려있다가 무의식적으로 시계를 보았다.

헉. 벌써 약속 시간 10분 전이다.

얼른 가방에 휴대폰과 엄마 아빠가 놀 때 쓰라고 주셨던 돈이 든 지갑을 쑤셔 넣고 뛰기 시작했다. 귀신 잡을 때도 이렇게 급하게는 안 갔겠다.

"다녀오겠습니다!"

"휴우……."

그리고 약 5시간 뒤, 나는 완전 녹초가 되어 집으로 돌아왔다. 도화가 밝은 애인 건 알았지만, 같이 퇴마하는 모습만 주로 보느라 이렇게 텐션이 높은 줄은 처음 알았다. 어떻게 둘이서 노는데 이렇게 끝도 없이 시끄러울 수 있는지, 내가 같이 정신을 놓았다간 도화는 길거리 공연이라도 할 기세였다.

"……하하."

그런데도 이상하게 후회스럽지 않았다. 아니, 오히려 나가길 잘했다는 생각이 들었다. 혼자 노는 게 아닌데도 이렇게 두근거린 것은 정말 오랜만이었다. 가뿐한 마음으로 일찍 침대에 누웠다.

딴딴 딴딴딴~ 딴딴 딴딴 딴~

"으으으……."

황금 같던 주말은 눈 깜짝할 새에 지나가 다시 새로운 일주일이 시작되었다. 하지만 나는 학교에 가는 평일도 이제 싫지만은 않다. 내가 방과 후에 하는 일들은 매일 뻔한 일과와는 거리가 한참 멀고, 그 뻔하지 않은 일은 이제 혼자만의 것이 아니니까. 만일 그게 끊임없이 뛰고, 미친 듯이 무언가를 소멸시키면서, 동시에 친구까지 챙겨야 하는 일 일지라도.

창문을 열어젖히자 빙긋 웃음이 나올 만큼 쾌청한 파랑이 하늘에 가득 메워져 있었다.

"굿모닝~"

매일 그렇듯 도화는 나보다 먼저 교실에 있었고, 내게 인사를 건넸다. 항상 보는 풍경인데도 주말에 한 번 더 만난 후여서 그런지 더욱 반갑게 들렸다.

"어, 안녕~"

애써 덩달아 반갑게 인사를 했다. 어딘가 뻣뻣했을 내 인사에도 도화는 싱긋 웃었다.

교실에는 아직 도화를 빼곤 아무도 없었다. 오늘도 일등인 건가. 잠시 후면 애들로 시끄럽고 혼잡해질 교실을 생각하니 지금의 평화로운 모습이 환상처럼 느껴졌다. 참으로 평범하고 별일 없는 월요일…

"꺄아아아악! 사람 살려!!!"

……이었는데, 분명.

자리에 가방을 놓기가 무섭게 교실 밖에서 공포에 찬 비명이 들렸다. 내가 무슨 일인지 영문을 몰라 그 자리에 굳어있는 찰나, 도화는 마치 무슨 일인지 알겠다는 듯 그 자리를 박차고 달려가기 시작했다. 그렇다면 정답은 하나다. 이건 귀신과 관련된 일인 것이다. 도화는 약한 힘과는 별개로 이런 일이 일어나면 나보다 몇 배는 더 예민하게 알아차리곤 했다. 나는 정신을 차리고 도화를 쫓아 달려 나갔다.

"무슨 일이야??"

비명의 근원지인 여자 화장실에 도착하자마자 내가 소리쳤다. 하지만 누구도 대답할 상황이 아닌 것 같았다. 화장실 벽에 바짝 붙어 주저앉아 있는 여자아이는 무언가를 응시하며 아랫입술을 달달 떨고 있었다.

"여름아."

도화가 긴장한 목소리로 나를 부르며 앞을 가리켰다.

고개를 돌리는 순간, 팔을 짓누르는 묵직하고 차가운 공기에 눈이 번쩍 떠졌다.

그것은 악귀였다. 너무 강해서 내가 이기기도 벅차 보이는 악귀. 아니. 악귀들인가?

온갖 악귀란 악귀의 목소리는 다 모인 것 같은 소리가 귀에 울려 끔찍한 불협화음을 만들었다. 그리고 악귀가 있는 자리는 무슨 차원을 건너는 포털인가 싶을 정도로 둥근 모양이 주위를 형체도 알아보기 힘들게 일그러져 회오리를 만들고 있었다. 뭐지? 이 괴물 같은 것은?

넋을 놓고 있는 사이 가만있던 소용돌이가 천천히 앞으로 다가오기 시작했다. 얼른 여자애를 일으켜 화장실 밖으로 내보내고 문을 닫았다. 이게 뭐든 간에, 절대로 학교에 서성이면 안 되는 녀석이다.

옆에 있는 도화와 눈을 마주쳤다. 도화는 그 어느 때보다도 긴장하고 있었다. 그전까지 우리는 도화의 안전을 위해 주로 학교 근처의 새로 지은 아파트나 아주 가끔 오래된 아파트에서 퇴마한 것이 전부였으니 지금의 상황은 굉장히 위험천만하다고 할 수 있었다. 내가 노화에게 나가 있는 게 나을 것 같다고 말하려던 찰나였다. 도화는 무언가 결심한 듯 화장실 문고리에 손을 갖다 대더니 그대로 잠금쇠를 눌렀다.

찰칵.

내가 당황한 표정을 짓자 도화는 씩 웃었다. 그리곤 주머니에서 웬 장난감 권총을 꺼내 재빨리 악귀를 향해 방아쇠를 연신 당겼다.

　피융 피융

아무것도 장전되지 않았는데 총알이 나가는 소리가 들렸다.

　'카아아아악!!'

악귀들이 일제히 고통스러워하기 시작했다. 그제야 난 그 총이 도화의 새로운 퇴마 무기라는 것을 깨닫고 덩달아 양손에 종이칼을 꺼내 도화를 앞서 악귀들 뭉텅이로 달려들었다.

　"야! 뒤져라!!!"

휘두르는 종이칼이 어쩐지 오늘따라 속도가 느렸다. 허공을 베는 느낌이 아니라, 공중에 뭉글뭉글 피어오른 묵직한 무언가를 베는 느낌이었다. 그래도 더욱 힘을 주어 팔을 힘껏 휘둘렀다. 누가 언제 들어올지 몰랐다. 마음이 급했다. 그런데 문득 도화가 괜찮은지 생각이 들었다. 고개를 돌렸다. 도화는 최대한 악귀에게서 멀리 떨어져서 열심히 총을 쏘고 있었다. 그런데 잠시 도화를 본 사이, 무언가가 내 옆구리에 들어왔다. 묵직하고 차가운 기운이. 순간 아차 싶었다. 악귀가 여러 마리였는데.

　"여름아!!!"

그게 내가 기억하는 마지막 장면이었다.

　"헉"

눈을 떴을 때 나는 낯선 어딘가에 누워 있었다. 온몸이 누군가에게 두들겨 맞은 것 같이 욱신거렸다. 비틀거리며 몸을 일으켜 주위를 두리번거리는데, 누군가 다가오는 목소리가 들렸다.

　"일어났니?"

목소리의 주인은 다름 아닌 보건 선생님이었다. 그렇다면 여긴 보건실인가?

"저 왜 여기서 자고 있었어요?"

"화장실에서 쓰러졌다는데, 몸살기가 조금 있긴 하더구나. 미주신경성 실신인 것 같으니 충분히 쉬고 괜찮아지면 교실로 가렴. 계속 안 좋으면 조퇴하고 병원에 가던지."

미주신경성 실신? 그게 뭔진 잘 몰라도 정확한 건 그게 내가 쓰러진 진짜 이유는 아닐 것이라는 거다. 나는 분명 도화와 함께 악귀와 싸우고 있었는데. 악귀 하나가 내 빈틈을 공격했고, 그다음엔 기억이 없다. 도화는 괜찮은 건가?

"선생님. 도화는요?"

"도화?"

"도화가 저랑 같이 있었는데, 걔가 데리고 왔어요?"

"아, 그래. 도화가 선생님들을 불러서 선생님들이 부축해서 데려다주셨어. 지금 아마 교실에 있을 거야."

선생님들을 불렀다면 도화는 빙의 당하진 않은 건가? 아니면 내가 빙의 당한 걸 도화가 깨운 걸까? 그 악귀 덩어리는 어떻게 된 거지? 모든 게 물음표투성이였다. 계속 여기에 누워 있을 수만은 없었다.

"선생님, 저 괜찮은 것 같아요. 교실로 가볼게요."

얼른 자리에서 일어났다. 몸이 뻐근하고 피곤했지만 어쩔 수 없었다. 보건실을 나오자마자 교실이 있는 층으로 계단을 뛰어 올라갔다.

"아, 여름이 왔니?"

수업하던 국어 선생님이 나를 보곤 다정하게 인사해주셨다. 국어 시간이라면 벌써 3교시? 내가 3시간을 내리 잤다니.

"네."

"몸은 좀 괜찮니? 너무 무리하지 말고 일단 자리에 앉으렴."

눈으로 도화를 쫓으며 자리로 갔다. 도화는 나를 보곤 안도와 기쁨이 섞인 표정을 지어 보였다. 괜찮은 건가? 나도 마주 웃어 보이며 천천히 자리에 앉았다. 하지만 아직 알아야 할 것이 많았다.

"자— 오늘 수업 여기까지."

종이 침과 동시에 선생님이 수업을 끝내자 아이들은 한마음 한뜻으로 곧장 일어나 밖으로 나가거나 책을 서랍에 넣고 자리에서 일어났다. 나도 벌떡 일어나 도화한테로 향했다. 도화도 비슷한 마음이었는지 내게 다가오기 시작했다.

"여름아~!"

아무래도 교실은 보는 눈이 있을 것 같아서인지 도화는 내 손을 잡고 능숙하게 교실 밖으로 질질 끌고 갔다. 나도 딱히 뿌리칠 이유는 없는지라 난 도화가 이끄는 대로 조용히 끌려갔다.

도화는 교실과 떨어진 조용한 복도까지 온 후에야 걸음을 멈췄다.

"여름아, 좀 괜찮아?"

"난 괜찮은데, 뭐가 어떻게 된 거야?"

마음이 급해서 바로 본론이 튀어나왔다. 괜찮은지 먼저 물었어야 했는데.

"그게……."

도화가 말해준 상황은 이러했다. 내가 악귀의 공격을 받고 그 자리에서 쓰러졌고, 마침 아이들이 많이 올 시간이 되어서 바깥이 시끄러워지자 악귀 덩어리는 사라졌다.

"잠깐, 사라졌다고?"

"응."

"도망가거나 한 게 아니고?"

"응. 정말 그냥 사라졌어. 뿅 하고. 1초 전에만 해도 있던 게 그냥."

"그러면 순간이동 하는 놈인가?"

"그렇지."

"와, 너무한데."

다행히 그 과정에서 도화는 전혀 다치지 않았고 도화는 화장실 문을 열어 도움을 청했다. 그 소리를 듣고 체육 선생님들이 나를 부축해서 보건실로 옮기셨고. 나중에 알게 된 것이지만 그 악귀들에게 습격당했던 여자애도 충격을 조금 받았을 뿐 특별한 이상은 없었다고 한다. 결국, 위험했던 건 나뿐이었던 거다.

"큰일 날 뻔한 건 나뿐이군."

"너 아녔음 나거든요."

말은 장난스럽게 했지만, 도화의 얼굴엔 미안함이 가득했다. 도화가 날 다치게 한 것도 아닌데.

"그럴 일은 없을걸."

"뭐래."

"……그래도 대비는 필요하겠지."

"그렇겠지?"

"오늘 시간 돼?"

"당근."

몇 마디의 대화만으로 우린 당장 오늘 방과 후부터 본격적인 퇴마에 들어갔다. 이전과 달라진 것이 있다면, 비교적 안전한 학교 앞 아파트가 아닌 정말 학교에서 퇴마하게 되었다는 점, 그리고 조금 달라진 듯한 도화의 태도, 귀신을 처리하는 방식 정도.

"괜찮겠어? 학교엔 흉물스럽게 생긴 애들 많다며."

"그런 거 따질 시간 없잖아."

도화의 표정은 한껏 비장했다. 귀신이 쫓아오자 도망가는 대신, 눈을 질끈 감고 장난감 총의 방아쇠를 귀신을 향해 마구 당겼다. 하루아침에 공포를 조금 극복하다니. 아무래도 내가 기절했던 모습이 꽤 충격이었나 보다.

하지만 지금 우리가 해야 할 것은 귀신 소탕이 아니다. 영력을 더 늘리기 위해선, 귀신을 흡수해야 한다.

"흡수해? 귀신을? 그게 뭔 소리야?"

도화는 그렇게 말하며 장난감 총을 들고 있던 팔을 툭 떨궜다. 어이가 없다는 표정이었다. 무슨 스펀지도 아니고 귀신을 어떻게 흡수하냐고, 안전하긴 한 거냐며 따지기 시작했다.

"잘만 하면 위험하진 않지. 그냥 퇴마는 뭐 얼마나 안전하냐."

"그래도……."

"영력의 '영'자는 '영혼 령'자야. 귀신이랑 싸우려면 비슷한 계열의 힘을 써야 먹히지. 귀신이란 추상적인 물체가 어느 정도의 물리적 힘을 행사할 수 있는 건, 그 '어느 정도 물리적인' 힘이 영력이기 때문이라고."

"그래서 그걸 마시자고?"

"어."

"허어……."

"말로만 하면 잘 모르니까 일단 한번 봐봐."

ㄷ자로 된 학교 건물이 둘러싸고 있는 바깥 공간엔 작은 야외 공연장과 화단, 그리고 벤치 4개가 있는 정자가 하나 있다. 나는 정자 안으로 들어가 중앙에 섰다. 죄다 자기 하고 싶은 말만 하는 귀신들이 바닥 밑에서 아우성쳤다. 원리는 잘 모르지만, 정자 안의 공간은 유난히 지하에 있는 귀신들과 조금 더 가깝다. 그리고 유독 귀신이 많이 드나든다. 4개의 뚫린 문이 있어서 귀신들의 통로가 되는 거나, 어쩌면 밖에 있는데도 해가 잘 들지 않아서 일지도 모른다. 천천히 눈을 감고 몸에 힘을 풀었다. 귀신들의 목소리, 일렁임, 흐르는 한기가 오롯이 느껴졌다. 특별하게 강한 귀신은 느껴지지 않았다.

"뭐가 좀 보이지?"

"응."

도화는 아마 맨눈으로 직접 보았을 거다. 내 주위의 귀신들이 하나둘 내 안으로 빨려 들어가는 모습을.

"어떤 기분이야?"

"네가 직접 해봐."

도화의 손을 잡고 정자 안으로 이끌었다. 잔뜩 긴장한 기색이 맞잡은 손에서 그대로 느껴졌다.

"눈 감고, 몸에 힘쓰면 안 돼. 나는 진공청소기다, 생각하고 숨 들이마실 때 귀신도 같이 마셔봐."

"……."

도화가 내 손을 더 꽉 쥐었다. 누가 봐도 무섭다, 하는 눈빛으로.

"잡고 있을게."

"알겠어."

도화는 조금은 안심한 듯 심호흡을 하고 눈을 꾹 감았다. 주위의 일렁임이 도화를 감싸는 소용돌이처럼 변했다. 여기저기서 발악하는 목소리들도 들렸다.

'아아아아악!'

대부분의 목소리는 그저 괴성을 지르곤 한다. 간혹 짧게 몇 마디씩 하기는 하지만, 그마저도 그리 의미 있는 말은 아니었다.

"다 됐으면 눈 떠도 돼."

말이 떨어지기 무섭게 도화는 숨을 탁 내뱉으며 눈을 반짝 떴다. 더 강해진 영력을 처음 느껴봐서 인가, 눈빛이 반짝였다.

"느껴지나, 강해진 기분이?"

내가 장난스럽게 묻자 도화는 굳었던 표정을 단숨에 풀었다.

"확실히 강해졌군."

"나쁘지 않지?"

"응, 나쁘지 않아."

"앞으로 이걸 여러 번 해야 해."

"어엉?"

"귀신 몇 마리 흡수했다고 갑자기 엄청나게 강해지는 게 아닌데 말이죠."

"아니……."

"그럼 이걸 얼마나 더 해야 하는데?"

"가능한 최대한 많이."

"헐……."

"그렇다고 하루에 몰아서 먹으면 안 돼. 도로 튀어나오는 수가 있어."

귀신을 먹으면 먹은 지 평균 30~40분 정도 후에 소화가 된다. 귀신은 사라지고 그 영역만 내 몸에 남는 것이다. 반대로 말하면, 소화되기 전엔 내 몸에 귀신이 들어있는 거나 마찬가지다. 때때로 귓속에서 바람처럼 몸속의 귀신 목소리가 들리기도 하고, 만약 남이 팔 같은 곳을 꽉 잡게 되면 튀어나올 수도 있다. 그래서 귀신을 먹었을 땐 충분한 시간적, 공간적 여유가 필요하다.

"뭐야, 꽤 복잡하네."

내 설명을 집중해서 들은 도화는 벌써 힘들다는 듯 벤치에 털썩 앉았다. 도화의 주위가 온통 일그러져 있는데도, 도화는 전혀 개의치 않는 얼굴로 눈길을 멀리 던졌다.

"너, 퇴마할 땐 귀신 무섭다고 그렇게 난리를 치면서 지금은 괜찮나?"

"아, 지금?"

여전히 무심한 얼굴로 도화는 주위를 쓱 훑곤 말을 이었다.

"우리가 사람들 많은 곳에 있다고 해서 그 사람들 다 들여다보지 않잖아."

"응."

"똑같아. 무시하면 그냥 풍경이지. 건드리면 달려드니까 무섭지만. 사람도 마찬가지잖아."

"그냥 지나가는 사람들이랑 다를 게 없다고?"

"그런 셈이지. 어차피 언젠가 사람이었던 것들인데."

"그런…가?"

곰곰이 생각해 보았다. 나는 귀신을 사람과 동일시 한 적이 있던가? 죽은 사람들이란 것을 머리로는 알고 있었지만 무언가 '없애야 할 존재' 이상으로 생각해 본 적이 없었다. 내 눈에 보이는 귀신이란, 그저 주위를 일그러뜨리고 괴성을 지르는 보이지 않는 무언가니까. 하지만 그 죽은 사람들의 모습을 항상 직접 보아 왔을 도화는 그렇게 단순하게 생각할 수 없었을지도 모른다. 그 모습이 산 사람들과 별반 다르지 않다면 더더욱. 새삼 도화를 겁이 많다며 놀렸던 게 미안해졌다.

"자, 그럼 이제 집에 가자."

"어? 아직 뭘 많이 못 해봤는데, 벌써 가도 괜찮아?"

도화가 의외라는 표정이었다.

"첫날인데 쉬엄쉬엄해야지. 편의점 갈래? 내가 쏠게."

"정말? 앗싸. 고마워!"

던져놨던 책가방을 울러 메고 도화와 함께 교문으로 향했다. 종이칼은 책가방 물통 주머니에 꽂아둔 채로. 도화는 기분이 좋은 듯 빙글빙글 돌며 장난스럽게 뛰어왔다. 내가 앞장서서 교문을 막 나가려는 순간, 도화의 경쾌한 발소리가 뚝 끊겼다.

"도화야?"

뭔가 이상한 낌새를 눈치채고 몸을 돌리던 찰나였다.

"……칼 꺼내. 여름아."

"헉."

도화와 몇 걸음 떨어진 곳 앞에 소용돌이치는 둥그런 일렁임이 무서운 기세로 버티고 있었다. 그놈이다.

내가 급하게 종이칼을 꺼내고 책가방을 옆에 내팽개치자마자 악귀 덩어리는 어울리지 않는 각기 다른 목소리들로 무시무시한 괴성을 지르기 시작했다.

'꼬마 퇴마사! 죽어라!!'

"누구보고 꼬마래 쇠똥구리 똥 같은 놈아!!"

악귀 덩어리들의 폭언에 나도 질세라 시비를 걸며 악귀들을 향해 전속력으로 달렸다. 되든 안 되든 일단 베어볼 생각이었다. 그러다 갑자기 번뜩 정신이 들었다. 도화는? 도화는 무기도 없는 채로 악귀 덩어리 앞에 있었다. 정말 목숨이 위험할 수도 있는 상황이었다.

"도화야! 이거 받아!!"

들고 있던 종이칼을 도화에게 던졌다. 다행히 도화는 그 종이칼을 바로 받아 들었다. 그러고는 나보다 더 빨리 악귀 덩어리를 향해 달려들기 시작했다.

"야!! 너 뭐해!!"

"뭐 하긴, 저거 족쳐야지!!"

순간 너무 놀라 그대로 멈춰 설 뻔했다. 내가 알고 있던 도화가 맞나? 종이칼을 들고 아무런 의심 없이 악귀한테 달려들다니. 하지만 지금은 그런 걸 생각할 시간이 아니다. 나는 더 속도를 높여서 그대로 악귀들을 향해 주먹을 날렸다. 급하게 팔에 영력을 두른지라 양을 가늠하지 못했는데 꽤 타격감이 있었다. 바로 틈 들이지 않고 반대쪽 주먹도 날렸다. 가르는 공기가 무거워서 팔이 저렸다. 하지만 멈출 수 없었다. 내 바로 옆에 도화는 처음 써보는 종이칼을 미친 듯이 휘두르고 있었으니까. 나는 내가 맡은 쪽의 악귀들을 처리하는 데 집중했다. 악귀들이 하나둘 소멸하는 소리가 들리기 시작했지만 별 도움이 되지 못했다. 끊임없이 다른 악귀들이 안에서 나오고 있었기 때문이다. 마음이 급했다. 팔이 조금씩 느려지고 있었으니까. 휘두르는 팔의 공기가 갈수록 무거워졌다. 힘을 내서 더 센 주먹을 휘두르려는 순간이었다.

"……어?"

팔이 그대로 멈췄다. 마치 가위에 눌린 것처럼(가위에 눌려본 적은 없지만) 뇌에서 명령한 움직임이 몸으로 전달되지 않았다.

……홀린 건가?

"류여름! 앞에!"

훅. 귀신이 보이지 않는 나에게도 느껴졌다. 귀신이 날 향해 손을 뻗었다는 것이. 몸은 꿈쩍도 하지 않았고 내가 눈을 질끈 감은 순간이었다.

"짜악!"

판판한 종이칼이 내 얼굴을 후려쳤다. 그제야 몸이 탁 풀리는 느낌이 들었다. 재빨리 몸을 틀어 자세를 고쳐 잡았다. 도화가 종이칼을 들고 안도하는 표정을 짓고 있었다. 금세 악귀 덩어리로 눈길을 돌리긴 했지만, 나도 미소 지으며 악귀를 향해 눈길을 돌렸다. 정신없이 주먹을 휘두르느라 보지 못한 사이에 악귀 덩어리의 크기는 꽤 작아져 있었다.

"고마워. 내 얼굴을 후려쳐 줘서."

"알겠으니까 정신 차리고 집중하시죠."

우린 장난스럽게 키득거리며 다시 악귀를 패는 데 집중했다. 중간중간 서로의 상태를 살피며 빈틈이 보이면 얼른 막아준 덕분에 악귀 덩어리는 빠른 속도로 작아졌다.

'끄아아아아악! 이런 머리에 피도 안 마른 꼬마들이!!!'

"엉, 너는 머리에 피가 말라서 뒤진 거구나?"

악귀들의 발악을 여유롭게 받아치며 난 주먹을 더 빨리 휘둘렀다. 팔이 아프고 뻐근해서 땀이 흘렀지만 벌써 내 키만큼 줄어든 악귀를 보니 힘이 났다. 목소리의 개수도 눈에 띄게 줄었다.

도화가 종이칼을 높게 들어서 악귀 덩어리를 향해 내리찍었다. 그러자 익숙한 소리가 들렸다. 희미하게 들리는, 귀신들이 소멸할 때 들리는, '푸시시' 하는 소리.

'으으으…… 너희들을 저주할 것이다. 꼬마 퇴마사…….'

"거참 14살한테 잘도 꼬마, 꼬마 거리네."

"그러게 말이야."

우리는 한껏 쪼그라든 악귀 덩어리를 가만히 내려다보았다. 악귀 덩어리는 점점 더 작아지고 있었다. 농구공만 하던 게 야구공, 탁구공 크기가 되더니 그대로 눈곱만큼 작아져 이내 사라졌다. 그렇게 오랫동안 고생해서 이겨야 할 것 같던 무시무시한 악귀 덩어리는, 하루 만에 먼지보다 작아져 소멸했다. 그리고 세상에서 귀신을 가장 무서워할 것 같던 도화는, 누구보다 용감한 퇴마사가 되어있었고.

"처음으로 귀신을 직접 패서 소멸시킨 기분이 어떠십니까, 서도화 씨?"

"좋네요. 네가 이래서 퇴마를 취미로 하는구나."

우리는 내팽개친 책가방을 주섬주섬 주워 메며 웃었다.

"편의점 갈래? 네가 처음 귀신 소멸시킨 기념으로."

"당연하지. 네가 쏜다는 거 아직 유효하다?"

"그래. 가자."

우리는 손을 잡고 경쾌하게 교문을 나섰다. 손목시계를 보니 아직 시간은 4시. 이 길었던 일들이 고작 1시간 안에 일어난 일이라니. 한껏 목을 젖혀 바라본 하늘은 아직 새파랬다. 초여름의 공기를 머금은 바람이 도화의 머리카락을 스쳤다.

최고의 날씨다. 귀신 잡기에.

가면

이하현

 기분 탓인지 무거워진 새벽공기에 눈을 떠졌다. 눈을 뜨자마자 보이는 새하얀 실내용 슬리퍼, 피처럼 빨간 알람시계, 고물상에서 주운 듯 낡고 삐걱거려 앉을 수 없는 흔들의자, 짙은 초록색으로 도배된 벽, 남자친구한테 생일선물로 받은 장미 두 송이.
 그리 넓지 않은 방이 한눈에 들어온다. 내 하루의 시작이다. 오늘은 친구를 만나기로 한 날이라 바쁘다. 거실로 나와 소파에 앉아 노트북처럼 작은 TV 옆 뻐꾸기시계를 보니
 AM. 5:47
 소파에 그대로 누워 눈을 감고 잠이 오길 기다린다. 자봤자 1시간이 채 될까 그냥 일어나자 결심하고 냉장고로 향했다. 냉장고 안에는 츄파춥스 한정판 체리 맛 사탕 6개, 박하사탕 19개, 김빠진 캔콜라. 그중 박하사탕 3개를 주머니에 넣었다. 그리고 모자를 쓰고 나가다 말고 냉장고를 다시 열어 체리 맛 사탕 하나를 집어 나오려던 찰나,
 '아, 화장실.'
 나는 다시 들어가 화장실을 불을 끄고 나왔다. 점검 중인 엘리베이터를 보곤 사탕 껍질을 까며 바로 계단으로 갔다. 사탕 껍질을 누가 버렸는지 모를 음식물쓰레기 옆에 던지곤 입에 사탕을 물었다. 시원함과 체리 특유의 쌉쌀한 단맛이 입안 전체에 퍼졌다.

거리로 나서면 헤드셋, 에어팟, 버즈… 소통 불가이다. 사실 잘 이해가 안 되긴 한다. 뒤에서 누가 쫓아오는지 칼로 찌를지 총으로 쏠지 모르는 세상에서 무방비의 사람들이 넘쳐난다.

친구와 만나기로 한 카페에 도착했다. 친구는 말없이 손을 내밀었고 나는 박하사탕 하나를 손 위에 올려주었다. 한참을 말없이 눈을 마주치고 있던 그때 난 카페를 나갔다. 다시 왔던 길을 돌아가며 박하사탕 하나를 까서 입에 넣었다. 그리곤 좁은 골목길 안으로 들어갔다. 사람들은 의심조차 하지 않겠지 나 또한 다른 사람들과 같은 평범한 사람이니까. 다만 난 그 평범한 사람들이 싫다.

좁은 골목길 제일 끝에서 두 번째 건물. 그 건물 옥상에 도착해 자연스레 고래가 그려진 나무 의자에 앉아 지나가는 사람들을 찬찬히 흘겨보다 페르소나를 벗는다.

입 안에 남은 박하사탕을 삼키고 고무줄을 당긴다.
사람들은 알까 내 페르소나에 감춰진 것들을.

박하사탕, 체리 맛 사탕, 사탕 껍질, 고무줄.

Ⅲ 오는 날

석혜빈

 이른 아침 노을빛 하늘에서 비가 내렸다. 토마토 주스? 아니. 그보다 조금 더 질척였다. 누가 먹다 남긴 컵라면 국물이려나? 아니. 그보다 조금 더 역했다. 어느 도색공이 벽을 칠하던 페인트를 쏟아버린 것은 아닐까? 아니. 아니다. 고작 조잡한 화학 덩어리 따위가 이리도 탐스러운 빛깔을 보일 리는 없었다. 새빨갛게 물든 우산이 막아주지 못한 비가 제멋대로 튕겨 들어왔다.
 아. 그래. 어쩐지 익숙하더라니. 입맛을 다시니 입가에 묻은 빗물이 혀에 감겨왔다. 입이 터진 것도 아닌데 비릿한 맛이 절로 감돌았다. 전혀 향기롭지 않은 냄새가 코를 찔렀다. 토마토의 상큼함도, 페인트의 고약함도 아니었다. 하늘에서 피가 내렸다.
 쓸데없이 바람만 잘 통하는 창가 밖으로 새 붉은 핏물에 다 젖은 수렵 나무들이 보였다. 옅은 비바람이 몰아칠 때마다 알아볼 수 없게 되어버린 색채의 나뭇잎들이 후두두 핏물을 뿌려댔다.
 "세상이 꼭 살해 현장이 된 것 같지 않아?"
 나의 물음에 휼은 어깨를 으쓱하며, 얼마 전 산 책가방을 다 버렸다며 속상해했다. 물때 끼던 창틀에 새빨간 흔적이 덧칠되었다. 앞으론 창문을 열 때 핏자국이 즐비하겠구나, 생각했다. 죽기 직전 누군가 발악한 자국처럼 유리문엔 선명한 핏자국이 낭자했다.

이번 주 청소 당번이 애를 좀 먹겠다 싶었다. 난데없는 비를 피하려 참새 한 마리가 낡은 파이프 근처에 몸을 뉘었다. 새빨간 비에 쫄딱 젖은 모양새가 꼭 짐승에게 물려 죽기 직전의 사체 같았다. 여차하면 묻어줘야지 생각했다. 주는 체육 시간도 물 건너갔다며 아쉬운 소리를 내비쳤다. 하필 오늘 점심은 맛이 없었다. 컵라면이나 사 먹으러 가자며 휼이 나를 재촉했다. 평소엔 잘 먹지도 않는 토마토 주스도 함께. 피에 젖은 셔츠 소매가 나를 이끌었다.

질척해진 도로 위, 빗물을 머금은 타이어들이 정신없이 굴러간 자국이 역력했다. 만약 오늘 누군가 뺑소니를 내고 이곳을 지나갔대도 전혀 알아챌 수 없을 것만 같았다. 어쩌면 이 틈을 타 누군가 트렁크에 핏물이 잔뜩 떨어지는 시체를 넣어두고는 남몰래 태연히 차를 몰았을지도 모르는 일이었다. 종량제 봉투에 토막시신을 잔뜩 욱여넣어 쓰레기장에 던져놓았을지도 모르는 일이었다.

오늘이라면 모든 살인이 완전해질 텐데.

너는 비가 오는 날은 항상 그러더라. 주의 말이 귀를 울리다 사라졌다. 딸기 맛 아이스바가 비릿한 맛을 풍겼다. 비 오는 게 그리도 좋냐며 휼이 묻는다. 나는 고개를 끄덕였다. 비가 오는 날이면 모든 게 묻혀가는 느낌이었다. 하물며 나의 얄디얄은 악의 따위도.

작가의 말

값진 삶이란 건 _ 신진아
이 작품을 쓰며, 소재는 동화처럼 유치하게 느껴질지도 모르지만 중심 내용인 '값진 삶'을 잘 표현하기 위해 노력하였습니다. 그래서 '도대체 무엇이 값진 삶인가?'에 대한 물음을 스스로에게 계속해서 질문했습니다. 제가 생각하기에, 값진 삶은 "누군가에게 행복을 주는 삶"이라고 생각합니다. 당신은 누군가에게 행복을 주며 살아가고 있나요?

여름의 퇴마사 _ 윤성주
처음 이야기를 시작했을 때, 난 휴대폰 속 귀신보다 또래 친구들이 더 어려웠다. 초반부의 '여름이'처럼. 그런데 무의식의 발현일까. 이야기를 끝마쳤을 때, 난 현실 세계의 '도화'들을 만났다. 누가 먼저인진 몰라도 도화에게 감사를 전하고 싶다. 내 날씨를 '귀신 잡기 최고의 날씨'로 만들어 줬으니까!

가면 _ 이하현
이 작품을 쓸 때 저는 사람들의 심리를 생각하며 썼습니다. 모든 사람이 자신의 본모습을 숨기고 싶어하는 것이 이 작품에 주안점이라고 할 수 있습니다. 저에게 글쓰기란 공부인 것 같습니다. 글도 공부처럼 잘 안될 때도 있지만 노력하면 잘된다고 생각하기 때문입니다.

피 오는 날_ 석혜빈

글은 언제나 내 세상이었다. 내 몸을 이루는 뭇별의 세포처럼, 글 또한 그러하다. 글을 쓸 때면 항상 나를 쓰고 있다고 생각했다. 그래서 나는 언젠가, 아주 머나먼 어느 순간일지라도 누군가의 일부가 되는 글을 쓸 수 있기를 바란다.

장마가 끝난 후

강지웅

 올해 장마는 참 길었다. 장마가 끝나니 팔월 중순이었고, 당신은 내게 가출했다는 메시지와 함께 내 집에서 머무를 수 있냐는 부탁을 했다. 나는 몇 년 동안 부재중이었던 당신의 메시지를 읽고 당신이 가출했다는 사실에 착잡해하면서도 드디어 그 지옥 같은 집구석에서 벗어났구나, 하는 안도감을 느꼈다. 나는 그 메시지에 알겠다고 답한 후, 일단 좀 만나고 이야기하자고 덧붙였다. 장마가 이제 막 끝난지라 밖은 좀 습할 것으로 예상됐지만, 그럼에도 하늘은 푸르렀다. 나는 밖으로 나갈 준비를 하곤 얼른 그녀가 있는 장소로 향했다.

 빌라 옆에 있던 꽃집이 방금 문을 열었는지 향긋한 꽃향기가 내 코 끝을 간지럽혔다. 장마가 여름에 잔존하던 봄 꽃향기를 묻히게 했지만, 우리는 그 꽃향기를 기억한다. 향기롭고 정신이 아득해지는 라벤더 향을.
 나는 본능적으로 하늘을 바라봤다. 푸른 하늘과 융단 구름이 마치 한 폭의 명화처럼 나타나 있었다. 예술은 자연을 모방하고, 인간은 그것을 관조함으로써 개인의 고통을 잠시나마 완화한다. 하지만 그것도 결국 잠시일 뿐 인간은 또다시 고통스러워한다. 이에 쇼펜하우어는 자신의 욕망을 금단하라 말했지만, 나는 고통과 우울함도 우리의 삶을 이루는 요소이기에 그것을 받아들이고 사랑해야 한다고 생각한다.

그때, 채 마르지도 않은 보도블록 위에 매미 한 마리가 배를 뒤집어 깐 채 죽어있었다. 아직 매미가 죽을 시기는 아니었기에 저 매미는 아마 누군가 일부러 죽인 걸 수도 있겠다는 생각이 들었다. 아직 제대로 된 울음소리도 내지 못한 채 죽었다니, 안타까웠다. 나는 보도블록 옆 낮은 화단에 매미를 묻어주었다. 매미가 다른 것들의 눈에 띄지 않고 고요히 잠들길 바라는 마음에서였다. 물론 세상에 영혼이나 귀신 같은 게 존재할 리 없다. 만에 하나 있다고 한들, 매미의 영혼이 내게 고마워할 리도 없다. 하지만 죽은 것을 땅에 묻어주는 행위는 본디 살아있는 존재를 위해 행해졌으므로 나의 이 행동은 결국 매미를 위해서가 아니라 나를 위해서다. 그 순간 마음속에서 그건 위선이라며 무언가 꿈틀대는 듯 가슴이 아렸다. 나무 위 매미들은 시끄럽게 울어댔다. 매미들의 울음소리가 죽은 매미를 위한 진혼곡처럼 느껴졌다.

그리고 저 앞에 그녀가 보이기 시작했다.

그녀와 내가 만나게 된 것은 고등학교 1학년 때였다. 그녀는 나와 같은 동아리 선배로서 알고 지냈다. 동아리는 교지부였고, 우리가 할 일은 그저 다른 동아리를 인터뷰하면서 녹음하고, 녹음한 것을 타이핑하는 섯뿐이었다. 그 외에는 온전히 자습 시간이기에 누구는 책을 읽고, 누구는 학원 숙제를 하고, 또 누구는 잠만 잤다. 나는 책 읽는 부류에 속했고, 그녀는 학원 숙제를 푸는 부류에 속했었다. 나는 그 당시 타인에게 아무런 감정을 지니고 있지 않았다. 그저 사는 게 지겨웠다. 책에 있는 수려한 문장 외에 내 정열을 자극하는 것은 없었다. 삶에 아무런 의미 없이 살아가는 것에서, 나는 그녀에게 알 수 없는 동질감을 느겼던 것 같다. 물론 돌이켜보면 터무니없는 생각이었다. 극도로 우울한 사람에게 동질감을 느꼈다니, 말도 안 되는 소리다. 그녀와 달리 단란한 가정에서 지내온 나는 절대로 느낄 수 없는 동질감이었다. 그저 그녀는 아름다웠을 뿐이다. 가지런히 정리된 고운 머릿결과 모든 것을 담았으나 공허해 보이는 검은 눈동자는 내게 관심을 불러일으키기에 적당했다.

동아리는 6, 7교시로 이루어져 그사이 쉬는 시간에 나는 그녀에게 말을 걸었다. 처음에는 그녀가 풀고 있는 문제집에 관심이 있는 척 말을 걸었고, 좀 더 사이가 좁혀졌을 땐 같이 매점이나 가자고 했다. 그녀와 나는 이렇게 자연스럽게 친해졌다.

그리고 1년이 흐른 후, 그녀는 내게 자신의 우울을 털어놓았다. 고3이 된 그녀의 상태는 엉망진창이었다. 그녀는 야위었고 하복을 잘 입지 않았거니와 입었다 해도 그 위에 외투를 걸쳐 절대로 벗지 않았다. 겉으로 보면 별거 아닐 수도 있지만 그녀의 분위기가 알 수 없는 불안함을 느끼게 했다.

"선배, 무슨 일 있어요?"

그 말을 내뱉고 나는 혹시 말 못 할 사정 같은 게 있을 수 있다는 생각이 들어 급하게 말을 덧붙였다.

"아, 물론 말하기 좀 그러면 굳이 말 안 해도 돼요. 나중에 말해도 돼요. 말하는 건 선배 자유니까."

그녀는 나를 빤히 바라보더니 내 손목을 잡았다. 하얗고 부드러운 피부가 내 손목에 닿자 나는 머리가 하얘졌다. 손은 따듯했다. 뜻밖의 감촉에 심장이 두근거리자 나는 재빨리 정신을 차리려고 애썼다.

"사실 어떻게 살아야 할지 모르겠어."

라고 시작한 그녀의 말은 꽤 길어졌다. 미래가 어떻게 흘러갈지 몰라 여태 공부만 해왔는데, 정말 자신의 인격을 말살해가면서 공부하는 것 같다며 너무 힘들어서 죽고 싶었다는 둥 내게 속마음을 털어놓았다. 나는 그녀에게 무슨 말을 해야 할지 몰랐다. 고등학생 2학년이 자살하고 싶다는 사람을 어떻게 대해야 하는지 알고 있겠는가? 나는 그때 문득 카뮈의 시지프스 신화가 떠올랐다.

'그러나 그날, 절망에 빠진 자의 친구 하나가 무관심한 어조로 그에게 대꾸한 적은 없었는지 알아보아야 할 것이다. 바로 그자가 죄인이다.'

나는 그녀에게 말 한마디 잘못하면 안 되겠다는 생각이 들어 되도록 이성을 찾아가며 그녀에게 진심 어린 위로를 했다. 그렇게 나는 우울한 사람에게 한없이 약한 인간이 되었다.

그녀의 우울은 학업과 불확실한 미래에서만 유효하진 않았다. 그녀는 어느 날 새벽, 엄마에게 뺨을 맞았다는 메시지와 함께 내게 힘들다며 호소했다. 나는 이번에도 이성적으로 그녀에게 올바른 말을 해줘야 한다는 강박에 그녀의 말을 모두 들어주며 그녀에게 장문의 위로문을 써 보냈다.

그 후 몇 년이 흐르고, 그녀와 나의 연락은 점차 술어들어 아예 끊어졌다. 지금 그녀와 나는 성인이 되고 나서야 재회한 거였다. 그녀는 단 하나도 변하지 않았다.

나는 그녀에게 무슨 말을 해야 하나 싶었지만, 그 어떠한 말도 어울리지 않았다. 잘 지냈냐고 물어보기엔 그녀가 내게 보냈던 문자 메시지를 보아 아직 엄마에게 시달리며 사는 듯 보였을뿐더러 지금도 그녀의 상태는 말이 아니었다. 피부는 창백했으며 몸은 여전히 야위었다. 나는 떨리는 숨을 가다듬곤 이렇게 말했다.

"오래 기다렸죠? 죄송해요. 너무 갑작스러워서……."

"아니에요."

그녀는 대답을 단호하게 했다. 나는 그녀를 대하는 것이 어색했지만, 그녀는 나를 대하는 것에 그렇게 큰 어려움을 지니고 있지 않은 듯 보였다.

"일단 저희 집으로 갈까요? 아니면 어디 들를 데라도 있으세요?"

"밤새 여기 있어서 피곤해요. 먼저 집에 가요."

밤새 여기 있었다는 말이 마음에 좀 걸렸지만, 여기서 그걸 지적해봤자 그녀에게나 나에게나 피곤해질 게 뻔했기에 나는 그녀와 함께 집으로 향했다. 우리는 말 없이 걸었다. 나는 이 어색함을 해소하기 위해 그녀에게 날씨 얘기를 했다.

"올해 장마는 좀 길었죠? 일찍 시작된 것도 모자라서 늦게 끝나기까지 하다니……. 날씨가 장난 아니었죠. 하지만 이제 장마가 끝났으니 매미도 울고, 지렁이도 울겠네요. 근데 왜 우리는 우리가 우는 소릴 못 들을까요?"

매미는 시끄럽게 울어 모두의 귀에 들리지만, 지렁이의 울음은 그 누구도 들어본 적이 없다. 아주 하찮고 작은 존재. 아무도 지렁이가 울 거라는 건 생각조차 안 한다. 어째서 우리는 작은 존재가 슬픔을 느낄 거라는 생각을 안 할까? 혹시 무시하는 건 아닐까? 그녀는 내 말을 듣곤 곰곰이 생각하는 듯 보였다.

"글쎄요. 새와 매미는 운다고들 하지만 눈물이 없는 반면, 우리 인간은 눈물을 흘리며 울죠. 처음으로 우리가 세상을 오감으로 느끼던 때를 떠올려 보세요. 그땐 아주 크게 울었죠. 하지만 지금은 어떻죠? 타인의 시선 때문에 소리 내어 우는 법을 망각했어요. 그뿐만 아니라 타인의 울음소리 듣는 법조차 망각했죠. 항상 시끄러운 것들이 작은 존재의 울음소리 묻히게 만들어요. 사실 우리 모두 매일 누군가의 신음과 눈물 속에 살고 있는 셈이에요."

그렇다. 우리는 더 이상 크게 울지 않는다. 어린아이처럼, 말 안 듣는 개구쟁이처럼 떼를 쓰며 울지 않는다. 나이가 들면 울 때 그에 합당한 이유가 있어야 한다. 고작 사소한 상처에 울면 사람들은 나잇값 못하는 것이라며, 너보다 힘든 사람이 얼마나 많은데 왜 울고 있냐며 우는 자를 나무란다. 우리는 눈물도, 통곡도 그 누구에게 드러내지 않은 채 울어야 한다. 우리는 결국 매일 울고 있는 셈이었다. 나는 옅은 숨을 내뱉곤 시선을 그녀에게로 옮기며 말했다.

"사실 우리 인간에게 필요한 건 이성도, 지식도, 재력도 아니에요. 진정 우리에게 필요한 것은 고통스러운 타인을 이해하고 감싸주는— 아직 이름조차 주어지지 않은 감정이에요."

"그렇다면 저와 당신은 그 감정을 지니고 있나요?"

"네. 어쩌면 모두에게 있을 수도 있죠. 하지만 중요한 건 그 감정을 느낄 수 있냐가 문제예요. 사랑이라는 감정이 마음속에 있어도 사랑하는 대상이 없다면 무용지물이죠."

"당신은 그 감정을 느낄 대상이 있나요?"

나는 그녀의 질문에 곰곰이 생각했다. 내게 타인을 이해하고 감싸주는 마음을 나눌 대상이 있나? 그리고 그것을 느낀 적이 있었을까? 있었다. 그것은 바로 고등학교 2학년 때 그녀와의 그 대화에서였다. 그 이

후로 나는 그녀를 생각할 때면 여러 가지 감정을 느꼈다. 행복, 걱정, 슬픔 등……. 아마 그녀가 자신의 엄마에게 폭력을 당한다는 것을 알게 된 후부터는 약자가 느꼈을 고통에 대해서도 생각하게 되었다. 사람은 자신에게 새로운 세계를 보여준 사람을 잊지 못한다고 했다. 그렇다면 나는 내게 고통스러운 약자의 세계를 보여준 그녀를 절대 잊지 못할 것이다.

그녀를 집에 데리고 온 후 나는 그녀에게 우선 당분간 내 집에서 지낼 방과 정수기 사용법, 빌라 공동 현관문 비밀번호, 잠긴 화장실 문 여는 방법 등을 알려주었다. 그녀는 묵묵히 내 말을 듣곤 피곤하니 좀 자야겠다고 말했다. 그러고 보니 그녀가 밤새 거리에 있었다는 사실이 문득 떠올랐다. 내가 채 대답도 하기도 전에 그녀는 방에 들어가 침대에 누웠다. 나는 그녀의 단잠을 방해하고 싶지 않아, 그녀가 깨어나기 전까진 조용히 움직이기로 했다.

나는 베란다 너머로 보이는 푸른 하늘을 바라보았다. 문득 바다가 떠올랐다. 하늘은 높은 곳에 있고, 바다는 낮은 곳에 있다. 이 둘은 상반되는 성질을 가졌지만 서로 닮았다. 하늘의 푸르름은 바다의 푸르름과 비슷하다. 바다가 하늘을 동경하기에 같은 푸른색을 띠게 된 걸까? 노을이 질 때면 같이 노을빛으로 물들고, 아침이 되면 같이 푸른색으로 물들고, 밤이 되면 같이 어두워진다. 아무래도 이것은 동경이라기보다는 사랑인가 보다. 사랑하면 서로 닮는다고 하는데, 바다와 하늘은 서로를 연모해서 그런가 보다. 나는 이런 별의별 생각을 하면서 시간을 이겨나갔다.

어느새 밤이 되었다. 검은 종이에 흰 물감을 흩뿌린 듯 별들이 피어나기 시작했다. 나는 그녀가 깨어나길 기다리며 밤하늘의 별을 본다. 별과 별 사이에 선을 잇고, 나만의 별자리를 만든다. 아니, 어쩌면 그녀와 나 둘만의 별자리일 수도 있겠다. 신이 만든 것도 아니고 타인이 만든 것도 아닌 오로지 그녀와 나의 의지로 만든 별자리. 이방인과 유목민들은 길을 헤맬 때 밤하늘의 별을 보며 길을 찾는다고 했다. 하지만 밤하늘에 떠 있는 별들도 실은 광활한 우주에서 방황하는 존재가 아닐까? 우리는 서로 방황하며, 서로를 따라 걷고 있었던 건지도 모른다. 방황하는 그녀는 여태 내 발자취를 따라 걸어오고 있었지만, 기실 그 발자취 또한 내가 방황하며 남긴 흔적일 수도 있겠다.

나는 문득 그녀가 일어나면 뭐라도 먹게 해야겠다는 생각이 들었다. 내가 아는 그녀라면 가출한 이후로 여태 아무것도 먹지 않았을 테니까.

나는 겉옷 하나를 걸치고 밖에 나갔다. 여름밤은 원래도 습하지만, 장마가 끝난 후의 밤은 더욱 습한 것처럼 느껴졌다.

근처 편의점으로 가 그녀가 좋아할 만한 음식과 캔 커피 몇 개를 골랐다. 음식과 캔을 검은 봉투에 담고 집을 향해 걸어갔다. 밤바람은 후덥지근하고, 달은 구름에 가려져 자신의 빛을 온전히 전해주지 못했다. 저 달이 나와 비슷하다고 느껴졌다. 그녀에게 삶에 아름다움이 있다는 것을 알려주고 싶었지만, 저 하늘에 뜬 달처럼 제대로 빛을 전해주지 못했다. 만약 내가 제대로 그녀에게 삶의 아름다움을 알려줬다면 그녀는 자신의 우울증을 조금이라도 이겨내지 않았을까? 하늘과 바다 사이에는 사랑이 있고, 달과 나 사이에는 구름이 있다. 그렇다면 그녀와 나 사이엔 대체 무엇이 있을까?

집에 도착하자마자 나는 곧장 그녀가 있는 방문 앞에 다가가 문을 약하게 두드렸다. 아무런 반응이 없자 소리가 선명히 들리게끔 문을 두드렸다. 나는 그녀가 깊게 잠든 모양인가 싶어 조심스레 문을 열었다. 하지만 방엔 그녀가 없었다. 곧바로 다른 방들도 살펴봤지만, 마찬가지였다. 그녀는 내가 잠시 밖에 나간 사이 집을 나간 것이다. 그러고 보니 신발장에 그녀의 신발이 보이지 않았다. 나는 그녀를 지키지 않고 외출한 것을 후회하며 그녀에게 전화를 걸었다. 그러나 휴대폰 스피커에서 들려오는 건 그녀의 휴대폰이 꺼져있다는 소리뿐이었다.

 불안함이 엄습했다. 죽고 싶다고 말하던 사람이 갑자기 사라졌거니와 전화도 연결되지 않는다. 평소 같았더라면 이성을 중시하려고 애썼지만, 지금은 이성 따위를 고려할 때가 아니다. 내가 조금이라도 늦으면 그녀가 어떻게 될지 모른다. 이 늦은 시간에 위험한 사람을 만나 해코지를 당할 수도 있고, 다시 엄마네 집으로 돌아갈 수도 있고, 최악의 상황일 경우 그녀가 자살할 수도 있다. 나는 두려웠다. 나는 신발을 아무거나 신은 채 밖에 나가 빌라 주변을 살폈다.
 주변을 걸어가는 사람과 강아지를 산책시키는 사람. 그 외에 사람은 없었다. 손가락은 그녀에게 전화 거는 것을 반복할 뿐이고, 다리는 급하게 움직였다. 나는 먼 거리까지 그녀를 찾아 나섰다. 문득, 알 수 없는 느낌이 내 몸을 감쌌다. 머리는 얼른 그녀를 찾으라고 하지만 몸에 힘이 들어가질 않았다. 말 그대로 무력함이 내 몸을 맴돌았다. 그리고 그 무력함은 내 자존심을 깎아 정신조차 무력하게 만들 것 같았다.
 내가 좀 더 그녀에게 의지가 됐다면 그녀가 그 잠시에 집을 나갈 일도 없었을 텐데. 나라는 존재가 한심하고 어리석다고 느껴졌다. 그녀에게 아무런 도움이 안 됐다는 생각에 눈물이 나올 것만 같았다.
 세상은 부조리하다. 논리적인 인간은 세상일도 논리적인 인과에 따라 흘러갈 것이라고 생각하지만, 세상은 이따금 논리와는 상관없을 때가 있다. 그녀가 엄마에게 구타당하는 것도, 내가 아무리 이성적으로 사고하고 그녀에게 도움을 주려 해도 결국 상황이 이렇게 된 것도 그렇다. 이 같은 상황을 논리적으로 납득하지 못한 인간은 부조리한 세상을 받아들일 수 없어 불행에 빠진다. 나는, 세상이 내게 부조리한 건 받아들일 수 있었지만, 그녀에게 부조리한 건 받아들일 수 없다.

집에서 10분 정도 걸리는 아파트 공사장 입구에서 나는 발걸음을 멈췄다. 습한 밤공기. 희미한 달빛에 윤곽만 두렷이 보이는 포크레인. 겹겹이 쌓인 납빛 철근. 공사장 시설문 칸막이 안쪽에 그녀가 서 있었다. 공사를 멈춘 작업장은 빛이 제대로 들지 않아 위험해 보였다.

"왜 갑자기 밖으로 나왔어요?"

나는 심호흡을 하고 난 후 태연한 척하며 그녀에게 물었다. 그녀는 아무 말도 하지 않았다. 나는 그녀가 살아있어서 다행이라고 생각했으며, 아무 일도 일어나지 않아 보여 안심했다. 나는 그녀에게 다가갔다. 떨고 있는 그녀를 안아주려고 했으나 정신이 번쩍 들어 몸을 멈췄다. 그리고 나는 생각했다. 그녀에게 와야 할 부조리가 전부 내게 오고, 내게 아직 오지 못한 행복한 날들이 전부 그녀에게 향한다면, 지금 상황이 달라질까? 그렇다면 그녀는 부모의 폭력 속에 시달리지 않고 다른 친구들과 함께 시원한 에어컨 바람을 맞으며 이번 여름을 맞이했을지도 모른다. 아니면 내가 보낸 지난날처럼 자연을 마음에 두고 자신의 고통을 완화하는 힘을 가졌을 수도 있다.

내가 그녀에게 진정으로 바라는 것은 그녀가 오롯이 자신의 힘으로 행복을 느끼길 바랄 뿐이다. 타인의 억압에 짓눌리지 않으면서 말이다.

"무슨 일 있었어요?"

"핸드폰을 켰는데 엄마에게 문자가 왔어. 다시 집으로 돌아오라고, 여태 때려서 미안하다고, 이젠 잘해 주겠대. 근데 내가 계속 무시하니까 나 같은 건 딸도 아니라면서, 죽어버리래. 분명 옆에 엄마가 없는데도 엄마 목소리가 들리는 것 같고, 누구한테 맞지도 않았는데 몸이 욱신거렸어. 너무 무서워서 방을 나가니 집에 네가 없어서 어찌해야 할지 모르겠고. 그냥……. 살고 싶지 않았어. 대체 왜 이렇게 살아야 하는 거야? 내가 뭘 잘못하기라도 했어?"

나는 지금까지 그녀에게 자신의 처지를 이길 수 있는 용기를 주기 위해 위로를 아끼지 않았다. 하지만 그녀는 아직도 우울해하고 있다. 그녀가 내게 이따금 자신의 우울을 털어놓을 때면 나는 이성적으로 그녀에게 해야 할 말을 생각하고, 그에 관한 위로와 일종의 해결책을 제시해줬다. 감정적으로 대하면 그녀의 우울을 증폭시킬 것만 같기에. 하지만 인간의 이성적 능력은 내 생각처럼 무한하지 않았다. 생각보다 초라하고 무력했다. 나는 그녀를 조심스레 안으며 등을 토닥였다. 문득 오늘 낮에 그녀와 함께 나눈 대화가 떠올랐다. 인간에게 정말로 필요한 것, 그것은 이해심이었다. 하지만 나는 그녀를 완전히 이해할 수 없었다.

연민과 동정으로 기인되어 느껴지는 이 마음을 온당한 이해심이라 불러도 되는가? 오히려 상대방에게 더욱더 비참하다는 기분을 줄 수도 있다. 제대로 알지도 못하면서 위로라니, 참 웃기다.

하지만 선한 동기와 의도로 시작된 행동이, 선한 결과를 불러일으킨다면 그것이 연민이든 동정이든 오만이든 상관없다. 실제적인, 그리고 실천적인 선은 악보다 새롭다. 바다처럼 무한한 깊이를 자랑할뿐더러 악에게 지지 않는다. 인간에게는 절대로 사라지지 않는 선이 있다. 나는 그녀와 함께했던 시간을 떠올리고, 그녀가 여태 느꼈을 고통에 대해 깊게 생각해 보았다.

당신은 민폐라고 생각했으나 나는 의지라고 생각했던 그 새벽녘, 서로의 곁에서 서로의 감정을 공유했던 그 새벽녘, 당신은 영원이란 말을 싫어했음에도 내 앞에서는 이 시간이 영원하길 바란다고 말했던 그 새벽녘. 이따금 살아있다고 느낄 때가 있었는데, 그건 당신과 함께한 순간들이었다.

"사람들은 주로 이렇게 말해요. 상처가 사람을 성장시켜준다고. 다들 그 말을 듣고 자신의 상처를 이겨내려고 안간힘을 쓰곤 지쳐가죠. 여기서 정말로 상처를 이겨내는 사람이 몇이나 있을까요? 제가 생각하기엔 별로 없다고 봐요. 사실 상처를 이겨낸 사람들은 아마 상처가 없어도 잘 살았을 거예요. 그래서 저는 당신이 상처 없이 살았으면 좋겠어요. 비록 어른으로서 성장하지 않을지라도."

중요한 건 살아있다는 것과 마음이지, 상처를 억지로 견뎌 이겨내는 게 아니다. 그녀는 울먹거리는 목소리로 말했다.

"그래서 뭐 어쩌라고. 상처는 이미 생겨났고……. 사람들은 남의 상처를 보려고 하지 않잖아."

"그건 그 사람들이 당신을 이해하지 못해서 일 수도 있어요. 어쩌면 사람들은 남을 이해하는 일에 지쳤을지도 모르죠. 하지만 저는 당신을 이해하려고 애쓸 거예요. 아무도 당신을 이해하시 잃을지라도, 제가 당신을 조금이나마 이해함으로써 당신의 편이 없다는 생각을 없애주고 싶어요. 그리고, 당신이 잘못한 건 아무것도 없어요. 당신이 엄마에게 학대당하는 것도, 당신이 이렇게 우울에 시달리는 것도, 전부 당신 탓이 아니에요. 그 무엇도 당신 탓이 아니니까 그렇게 자책하지 마세요. 설령 잘못한 게 있다고 한들, 그것을 반성하고 고쳐나가는 게 중요하잖아요. 우리는 살아있는 존재니까 어제를 잊고 내일을 향해 걸어야 해요."

나도 모르는 사이에 말이 나타났다가— 사라진다. 마치 파도처럼. 파도가 매번 뭍으로 나오려고 하는 것은, 당신을 만나기 위함이리라.

달을 가리던 구름이 지나가자, 환한 달빛이 우리에게 전해졌다.

우리는 다시 집으로 돌아왔다. 오는 동안에 아무런 말도 나누지 않았다.

집에 도착해서, 편의점에서 사 온 음식을 야금야금 먹고, 티비도 틀지 않은 채 소파에 나란히 앉아 멍하니 있었다. 그 누구의 영향과 소리와 억압이 닿지 않는 시간이었다. 그것이 얼마나 평온하던지, 무채색이었던 내일을 따뜻한 색감으로 가득 채울 수 있을 것만 같았다. 단지 그뿐이었다.

어느새 내 어깨에 작은 별 하나가 기대어 조곤조곤 잠을 자고 있었다. 그리고 내 가슴 중앙에 환한 빛이 스며들어, 나 또한 곤히 잠들었다.

나만의 비

임지아

　7월, 본격적으로 장마가 시작된 어느 여름날, 여름방학을 맞았다. 밖은 시원한 빗줄기가 세차게 쏟아지고 있었고 물기를 머금은 나무들이 보였다. 그 풍경을 오래 바라보고 있으니 마음이 이상하게 편안했다. 하지만 늦기 전에 서둘러 학원을 가기 위해 밖을 나설 수밖에 없었다. 그때 우산 사이로 빗방울 하나가 튀어 손에 떨어졌다. 차가운 빗방울을 닦으며 다시 앞으로 가려는데 한 여자가 앞을 가로막았다. 30대 초반쯤으로 보였다. 그런데 이상하게도 처음 보는 사람이지만 어딘가 익숙했다. 한동안 눈을 못 떼고 있자 이번에는 그 여자가 먼저 말을 걸었다.
　"잘 있었니?"
　마치 나를 아는 듯한 모습이었다. 아무 말도 못하고 가만히 있자 여자는 가방을 힐끗 쳐다보더니 표정이 묘하게 변했다. 그러나 하나 확실한 건 날 안쓰럽게 여기고 있다는 느낌이 들었다.
　"곧 만나게 될 거야."
　짧은 말을 남기고 돌아선 여자는 어느새 눈앞에서 사라져 버렸다. 무언가 지나간 듯이 멍한 느낌이 들었다. 시계를 보니 벌써 학원 시간은 30분이나 지나 있었다. 뛰어가는 도중에도 조금 전 일이 머릿속을 떠나지 않았다. 얼마나 생각을 많이 했는지 그날 난생처음으로 꿈이라는 것을 꾸지 않았다. 나로서는 좋은 일이었다. 매일 밤 악몽을 꾸는 것은 끔찍했으니까. 하지만 그때의 행복은 잠시뿐이었다. 다음 날은 약속이라도 한 듯 다가오고 학교를 안 가는 대신에 학원을 반복해야 했다. 덕분에 만성 피로에 시달리고 몸은 점점 말라갔다. 매일이 고통스러울 즈음, 비 오는 날 다시 그 여자를 만날 수 있었다. 이번에는 전과 다르게 조금 더 길게 이야기를 나눌 수 있었다.

"잘 있었니?"

전과 같은 질문이었지만 그때와는 또 느낌이 달랐다.

"그럭저럭."

여자는 모든 것을 다 안다는 듯 고개를 끄덕였다.

"내가 아는 곳이 있어."

여자를 따라 걷다가 보니 아까와는 다른 세계처럼 믿을 수 없는 풍경이 나타났다. 그저 횡단보도가 보이고 건물 상가가 보이는 것이 아닌, 만화 속에서만 보던 황홀한 광경이 드러났다. 그런 내 모습을 본 여자는 살며시 웃으며 말을 이었다.

"내가 자주 오는 곳이야. 너도 자주 오게 될 거야."

그 말이 무엇을 의미하는지는 몰랐다. 그렇지만 나도 지금 내 앞에 있는 이 여자처럼 되고 싶었다. 겨우 이번이 두 번째 만남이고 이름도, 나이도, 사는 곳도 모르지만 처음부터 별로 낯설지 않았다.

비에 젖은 풀내음을 맡고 있자니 기분이 조금은 나아졌다. 한참 그 녹음을 관찰하고 있었는데 어느새 옆에 있던 여자는 사라지고 없었다. 참 신기한 일이었다. 다시 문을 열고 현실 세계로 돌아오니 달콤한 꿈에서 깨어난 기분이었다. 옆에 있던 버려진 거울 사이로 나를 받아줄 자리를 만들기 위해 그 틈을 비집고 들어가기 위해 노력하는 내가 보였다. 비는 잠시 멈추었지만 다시 비가 오길 바랐다. 그리고 여름 방학이 영원히 끝나지 않았으면 했다.
    다음 날 아침 눈을 뜨니 매일 아침마다 괴롭던 두통이 어쩐지 느껴지지 않았다. 덕분에 학원 수업에서도 집중을 더 잘할 수 있었고 일주일마다 치는 테스트도 가볍게 통과할 수 있었다. 모든 일이 다 그 여자를 만나고 나서부터 잘 풀리는 것만 같았다. 다행스럽게도 방학 내내 비는 억수같이 쏟아져 내렸고 덕분에 나는 여자를 한 번이라도 더 볼 수 있었다. 하나 특이한 점은 내가 정말 힘들 때 그 여자를 마주친다는 점이다. 이유는 모르겠지만 그 상황이 싫지만은 않았다. 하지만 그건 나의 큰 착각이었다.
    "이번 수학 테스트에서 B반으로 떨어질 뻔했다며? 너 그게 말이 된다고 생각해?"
    엄마의 공부 압박은 날이 갈수록 심해졌고 아빠는 회사에서 돌아올 생각을 하지 않았다.
    다시 인생이 진부해질 때쯤 그 여자가 나타났다. 이번에는 하늘색 원피스에 하늘색 우산으로 깔맞춤을 하고 있었는데 그 모습이 아름다웠다. 분명 하늘색을 좋아하는 것이 틀림없었다. 여자는 잠시 내 안색을 살펴보더니 말을 걸었다.
    "오늘도 기분이 안 좋아 보이네. 무슨 고민이 있어?"
    말을 할까 말까 한참을 머뭇거리다가 이내 말을 하기로 결심했다.
    "제가 싫어요. 공부도 기대에 못 미치고 뭐 하나 잘하는 것도 없잖아요."
    여자는 그 말을 듣더니 의미심장한 얘기를 꺼냈다.
    "너는 이미 너를 좋아하고 있잖니?"
    말도 안 된다는 표정을 짓자 여자는 살포시 미소를 지었다.

"내 이야기를 한번 들어볼래?"

고개를 끄덕이자 여자는 눈을 감았다.

"난 어렸을 때부터 영재라는 소리를 듣고 자랐어. 다섯 살 때는 초등학교 수준의 영어를 할 수 있었고 학교도 들어가기 전인 일곱 살 때는 수학 경시대회에서 나보다 다섯 살이나 많은 아이를 이기고 당당히 대상을 차지했거든. 너도 그렇지?"

여자가 왜 단정을 짓는 건지 알 수는 없었지만 나의 어린 시절과 너무나도 비슷해서 나는 홀린 듯이 고개를 다시 한번 끄덕였다.

"그런데 시간이 갈수록 공부 스트레스 때문인지 성적은 내려만 갔어. 보다 못한 엄마는 학원을 서너 개 등록했고 놀 시간은 단 한 시간도 되지 않았어. 그때 내 나이는 겨우 열두 살이었어. 그 뒤로 다시 성적이 올라갔는데도 학원을 끊지 못하게 하신 거야. 왜냐고? 이렇게 해야만 성적을 올릴 수 있다고 생각하셨거든. 그리고 난 이상하게도 오히려 방학이 싫었어. 방학만 되면 학원을 가야하거든. 아침에 일어나서 학원. 점심 먹고 학원. 자기 전까지도 지긋지긋하게 문제를 풀다 돌아오면 시간은 새벽 세 시가 다 되어갔어."

여자의 말을 듣는 도중에 소름이 돋았다. 마치 나를 거울로 비춘 듯 정말 똑같은 상황이었기 때문이었다.

"고등학생 때도 같은 생활을 반복하다 보니 결국 부모님의 소원대로 명문 대학교에 입학했고 직장을 찾아 일을 하고 있어."

그 말을 하는 표정이 애상적이었다. 괜히 슬퍼지려는 때에 여자가 물었다.

"넌 꿈이 뭐니?"

"여름 방학처럼 사는 거예요."

여자는 의외라는 표정을 지었다. 하지만 이 답은 내가 지난 몇 년간 고민한 주제였다.

"이유는?"

"짧게 왔다 지나가지만 여운은 오래 남으니까요."

내 말은 틀린 말이 아니었다. 정말 여름 방학 같은 사람이 되고 싶었다. 이 여자처럼 짧게 왔다가 짧은 순간에 사라지지만 그 여운은 말로 표현할 수 없을 지경이니까.

"아직 운명을 바꿀 수 있다고 생각해. 잘 생각해 봐."

그 말과 동시에 여자는 사라졌고 나는 집에 돌아가는 와중에도 그 말의 의미를 찾으려 애썼다. 그리고 정말 여름 방학은 아쉽게도 빨리 끝났다.

"여름 방학 동안 잘 쉬었지? 이제 2학기니까 다시 열심히 공부해보자."

놀랍게도 방학 때 지속적으로 공부한 사람은 정말 나밖에 없었다. 학교 시간표는 여전히 똑같았고 여전히 규칙적인 생활이 답답했다. 하늘이 장난이라도 치는 건지 개학이 되자마자 비는 멈추어버렸다. 그래서인지 비가 오지 않으니까 여자도 나타나지 않았다. 우울한 마음으로 집에 와서 책상 옆에 있던 연필을 들어 아무렇게나 글을 쓰기 시작했다. 참 신기하게도 마음이 다시금 편해졌다. 그제서야 깨달았다. 난 글을 쓸 때 행복한 사람이라는 걸. 내가 성장하고 힘든 시기를 비틸 수 있었던 것은 글쓰기 덕분이었다. 당장 엄마에게 달려가 지금 내가 가고 싶은 길을 말했다. 하지만 돌아오는 대답은 차가웠다.

"글? 네가 글쓰기에 재능이 있기는 해? 소설가 해서 뭐하게. 글 쓰는 일은 의대 간 다음에 해도 안 늦어."

한 줄기의 희망은 다시 절망으로 바뀌었고 내가 가지고 있던 한줄기의 생명력을 엄마는 한순간에 짓밟아버렸다. 어두컴컴한 방 안으로 들어가 침대에 몸을 뉘었다. 한숨이 쏟아져 나오려는 것을 간신히 틀어막았다. 그렇지만 이번은 달랐다. 전에 만났던 여자가 했던 말을 떠올려 포기하지 않기로 했다. 부모님이 뭐라든 나는 내 길을 갈 것이었고 포기하지 않기로 마음먹었다. 학교에서도 글쓰기 대회가 있다고 하면 당장 참가 신청서를 냈고 그 노력을 알아봐 주기라도 한 듯 어느 날 선생님은 아이들 앞에서 내 이름을 불렀다.

"한여름, 축하해. 네가 글쓰기 대회 금상을 받게 되었단다."

그날 처음으로 나의 이름이 자랑스러웠다. 그렇게 생각을 하자 시간은 빠르게 흘러갔다. 그리고 여자가 잊힐 때쯤 나는 부모님을 끈질기게 설득하여 약간의 협상을 했다. 그 결과 한 명문대학교의 문예창작과를 들어갔다. 흥미롭게도 나의 길을 개척해가기 시작하자 시간은 무서울 만큼 빠르게 지나갔고 힘들었지만 다시는 돌아올 수 없는 20대의 삶을 보내고 나니 나는 어느새 30대 초반이 되어 있었다.

그러던 어느 날이었다. 밖에서 무언가가 떨어지는 소리에 문득 창문을 보니 언제 온 여름비인지 비가 억수같이 쏟아지고 있었다. 한참을 몽상에 젖어 있을 때 문득 고등학생일 때 만났던 신비한 여자가 생각이 났다. 예전처럼 가만히 비를 감상하고 있는데 한 여학생이 우울한 표정으로 서 있더니 이내 학원 상가로 들어가려 했다. 여학생에게는 분명 위로가 필요했을 터이지만 삭막한 세상에서 따뜻한 말을 해줄 사람은 없을 듯이 보였다. 여학생의 모습이 거울을 보는 것 같이 생생했다. 그리고 어쩐지 그 모습이 내가 너무나도 잘 아는 모습과도 같았기에 그 여학생을 불렀다.

가장 먼저 입에서 튀어나온 말은 '잘 있었니?'였다. 여학생은 처음 보는 여자가 이런 말을 하는 사실이 이상하게 느껴졌는지 어리둥절한 표정이었다.

"아!"

그 순간 입에서 짧은 탄식이 저절로 새어 나왔다. 이제 머릿속에서는 여자가 누군지 확실히 알게 되었다. 그리고 그 확신은 여학생의 짧은 말 한마디로 굳어졌다.

"하늘색을 좋아하세요? 저도 그래요."

그러자 거짓말처럼 비는 그쳤다.

"비가……." 여학생은 대답했다.

"여름 방학이 끝나가고 있다는 거예요."

아무렇게나 한 말일지 몰라도 그 말은 비가 멈추고 있다는, 인생의 전환점이 온다는 뜻이기도 했다. 해는 벌써 도로를, 나무를, 그리고 우리를 비추었다. 여학생은 잠시 머뭇거리더니 '다시 만날 수 있어요?'라는 질문을 남겼고 나는 그에 대한 답을 해주었다. 그러자 여학생은 고개를 끄덕이며 환해진 얼굴로 돌아갔다. 결국은 처음부터 여자의 존재는 정해져 있었다. 미래의 내가 나를 깊은 웅덩이에서 꺼내준 것, 그것은 나만이 할 수 있는 일이었으며 미래의 내가 안겨준 나만의 비였다는 걸.

대학 동기

정세영

　처음 찾아갔던 날, 비가 왔던 심야식당이 있다. 며칠 동안 입에 아무거나 넣어가며 작업에 몰두하는 나를 본 동기가 참다못해 알려준 곳이었다. 밤 12시부터 아침 7시까지 하는 곳이니 올 때 들러서 아침이라도 먹고 오라고. 요즘 다음 달에 있을 전시회 준비로 다들 바빴다. 꼭두새벽 같이 일어나야 하는 건 물론이고, 밥을 제때 챙길 시간도 없었다. 나 같은 경우는 무리해서 작품 두 개를 완성시키려 하니 밥 먹을 시간 자체가 없었다. 하지만 심야식당이라니, 처음에는 장난치지 말라고 했지만 그런 식당이 있다면 감사하긴 했다. 아주 잠깐 들를 새벽 시간이긴 해도 제대로 된 식사를 할 수 있다는 거니까. 그래서 반신반의로 가봤다. 하필 가보기로 마음먹은 전날부터 비가 계속 와서 살짝 망설이긴 했지만, 식당은 생각보다 찾기 쉬운 곳에 있었다.
　밖에 서서 둘러봤으나 모든 게 한눈에 들어올 정도로 작은 식당이었다. 식기를 다루는 소리가 희미하게 들려왔다. 다 마른 우산 하나가 덩그러니 우산꽂이에 담겨 있었다. 나무 문을 여는 소리는 꽤 거칠었다. 안으로 들어가자 내 또래로 보이는 남자 손님이 있었다. 그 손님이 된장국을 먹고 있는지 식당 안에 구수한 냄새가 가득했다.
　"어서 오세요."
　안쪽에서 주인처럼 보이는 사람이 나왔다. 파란 셔츠를 입고 있었다.

남자 손님이 먹고 있는 건 된장국이 맞았다. 식당 주인은 내게 인사를 하며 그 손님 앞에 간단한 반찬을 놓았다. 두부, 계란. 반찬도 흔한 가정집에 놓일 것 같은 느낌으로 소박했다. 심야식당이라더니 간단한 음식만 제공하는 걸까.

"혹시 메뉴판 있을까요?"

"저기에."

눈에 들어오는 건 술, 된장국. 정말 간단한 음식만 제공하는 곳이었다. 남자 손님 옆에 가방을 내려놓으며 앉았다. 메뉴가 생각보다 훨씬 간단하긴 해도 이왕 온 거 밥은 먹고 갈 생각이었다.

"그럼 된장국으로."

"꼭 메뉴판에 적힌 식사가 아니라도 원하는 걸 말씀해주시면 최대한 만들어 드립니다."

이래서 심야에도 살아남는 것일까. 원하는 걸 만들어 주는 식당이라니. 순간 떠오르는 음식은 많았다. 하지만 그걸 지금 다 먹었다간 분명히 탈이 나겠지. 아침이기도 하고, 더 고민하기도 귀찮았다. 최대한 얼른 먹고 학교에 가서 작업을 이어가는 게 나을 것 같았다.

"괜찮습니다, 그냥 된장국으로 주세요."

주인이 안쪽으로 사라지자 정적이 내려앉았다. 옆에서 들려오는 남자 손님의 식기 소리가 전부였다. 그런 남자 손님에게로 내가 시선을 돌린 상황은 맹세코 의도한 게 아니었다. 시선 옆으로 벽에 걸린 달력이 보여서 전시회 날짜를 다시금 확인하려고 했을 뿐이었다. 그쪽 벽에다 젖은 겉옷이 걸려 있어서, 꽤 온기를 지키고 있는 식당인데 옷이 왜 아직도 젖어 있는지 단순한 호기심이 들었을 뿐이었다. 그래서 자연스럽게 고개가 돌아갔다. 그리고 마침 고개를 들던 그 손님과 눈이 마주쳤다. 그저 거기에 놀랐다. 나와 눈이 마주친 손님에 놀랐을 뿐이다. 누가 감히 예상하겠나. 인사도 제대로 못 하고 자퇴했던 동기와, 처음 온 심야식당에서, 태양도 제대로 올라오지 않은 꼭두새벽에 다시 만나리라고.

"나카지마?"

"어?"

이름이 불렸다는 것에 놀라는 표정인지 나를 기억하지 못해서 당황하는 것인지 구분이 가지 않았다. 나카지마는 숟가락을 든 그대로 나만 쳐다보고 있었다. 문득 가만히 있는 나카지마의 얼굴이 새삼 오랜만이라는 생각이 들었다. 이 녀석은 마주칠 때마다 매번 뛰고, 달리고, 또 달리고 있었으니까. 달력이고 뭐고 어느새 내 시선은 된장국을 먹던 나카지마에게로 고정되어 있었다. 둘이서는 대화도 제대로 해본 적 없었다. 나카지마가 바빴으니까, 늘 다음으로 미뤄졌던 것 같다.

"엄청 오랜만이다, 너 자퇴하고 애들이 다 걱정했어."

내가 가진 기억 속의 나카지마를 떠올리면 우습게도 세 가지 모습밖에 없다. 뛰어가는 거, 거절하는 거, 미안하다고 웃는 거. 우스운 일이었다. 그래도 입학부터 함께한 동기인데 기억하는 모습이 이토록 한정적이라니. 굳이 하나 더 있다면 엄청 피곤해 보이는데도 학교 나와서 장학금 받던 거. 그게 다다. 대단하다고 느꼈었지. 다들 피곤함을 가지고 살아가는 와중에 나카지마는 그 중에서도 더 그래 보였다.

"요새 뭐해? 갑자기 사라져서 다들 모르더라."

주인이 내 식사가 담긴 쟁반을 갖고 나왔다. 나카지마와 말을 하는 나를 보고 퍽 놀란 듯했다. 사실 나도 왜 말 걸었는지 모르겠다. 그냥 모른 척 지나칠 수도 있었는데 내가 너무 과하게 반응한 걸까 싶었다.

하지만 반가운 건 사실이었다. 원래 한때 함께 학교를 다녔던 사이라면 반갑기 마련이니까. 사람들은 다 그렇게 반응하니까.

"식사 나왔습니다. 이 아이 지인이신가 봐요."

지인? 아, 지인이라고 하면 지인이다. 하지만 지인이기 전에, 전에. 순간 멈췄다. 다음 말을 무어라 이어야 할지 결정하기가 어려웠다. 친구라고 대답하려 했으나, 친구라기엔 서로로부터 너무 먼 것 같아서. 그럼 우린 뭐지? 주인 말대로 지인? 하지만 우리 입학하고 웃고 떠들며 술도 몇 번 마셨다. 그럼 학교 같이 다닌 사이인가? 물론 나카지마가 빠지기 시작했을 때부터는 대화도 제대로 못 나눴지만 과제 같은 것들로 전화도 몇 번 했다. 내가 조장인 경우가 많아서, 나카지마에게 자주 전화했다. 물론 이것도 언젠가부터 대부분 부재중으로 찍혔었지만. 그래도 부재중 확인하면 곧바로 다시 걸어줬는데. 그래서 조별 활동은 잘 흘러갔었는데.

"대학 동기예요."

나카지마의 건조한 목소리가 식당을 울렸다. 술자리를 거절했던 마지막 인사를 끝으로 얼마 만에 듣는 대답인지. 그 마지막 인사가 몇 달 전인지도 기억이 나지 않는다. 오랜만인 그의 대답이 내 숟가락을 떠나지 못하고 머물렀다. 대학 동기. 그래 뭐, 정확한 대답이긴 하다. 같이 학교 다녔던 시이를 요약하는 네 글자. 짧은 순간에 수많은 것들을 고민한 나를 숨기고 싶을 만큼 정확한 대답이었다.

말없이 식사를 마치고 밖으로 나왔다. 나는 더 이상 할 말을 찾지 못했고, 나카지마는 대화를 계속할 의지가 없는 것 같았다. 된장국을 주문했으나 주인이 밥에 반찬까지 한 상으로 꺼내주었기에 원래 계산해야 하는 값의 두 배를 내고 나왔다. 주인은 그럴 필요 없다고 했지만 다시는 오지 않을 것 같은 식당이어서 끈질긴 만류에도 그냥 내고 나왔다. 대학 동기를 만날 기회가 되었기에 한 의미 없는 보답이었다. 찬 공기를 맞으니 머리가 진정되었다.

　몇 달 전에 나카지마와 연예인이 함께 있는 걸 봤다는 소문이 돌았었다. 그렇지만 그 사람과 연인의 마음을 가지고 만났다고 해도, 어쩌다 헤어져서 실연의 아픔이 덮쳐왔다고 하더라도. 단순히 그런 이유로 자퇴까지 할 놈은 아니었다. 애초에 연예인과 관련된 그 소문은 소문일 뿐이고, 소문 자체도 학교에 계속 상주하는 사람만 들을 수 있을 정도로 잔잔한 소문이었다. 소문이 둘에게 피해가 가는 상황이 벌어지진 않았을 거라고 생각하는데. 물론 내가 관여할 일은 아니지만. 아마도 다른 사정이 있는 거겠지. 급한 돈이 필요하다거나, 개인적인 사정이거나 집안에 일이 생겼다거나. 다들 버거워하는 그런 문제들. 아니라면 정말 실연의 아픔일 수도 있고. 내가 할 수 있는 것은 상상 정도다. 정말로 나카지마가 실연을 이유로 자퇴했다 하더라도, 나에게 그걸 바로잡을 권리는 없다. 본인의 선택이었던 것에 대해 딱히 특별한 관계도 아닌 내가 어떤 권리를 갖겠는가. 아직도 그칠 줄 모르는 비를 지켜봤다. 내내 올 것 같아서 기분이 무거워졌다. 습기 가득한 공기를 마시고 우산꽂이에서 내 우산을 찾았다. 애초에 담긴 것도 두 개였으니까 찾는 건 어렵지 않았다. 비가 많이 와서 마르지 못한 우산은 아직도 축축했다.

　'우산 없이 온 건가.'

　아마 다 마른 우산이 한참 전에 출근했을 주인의 것일 테다. 식당에 걸려 있던 젖은 옷은 주인의 것이 아니겠지. 나카지마가 감당하고 있는 게 무슨 일인지. 이 이상 들어가면 간섭하는 것인 걸 알지만, 가끔은 남이 내미는 문장에 조금은 길게 답해도 될 텐데. 하지만 이 또한 내가 관여할 일은 아니다. 대학 동기는 좋게 말하면 '동기', 거칠게 말하면 '남'이다. 그 정도 거리로는 선을 넘는다는 것에 대한 결정권도 주어지지 않는다. 우산을 펴고 빗속으로 발을 디뎠다. 그래도 답답하긴 했다. 할 수 있는 게 이것뿐일까, 하는 생각이 들었다. '친구'라는 사이의 범위는 뭘까. 나와 상대가 다른 기준을 가지는 때라면 어떻게 반응해야 하는 걸까. 사람들이 소위 말하는 그 멀리라는 기준을 정의하는 것조차 망설여진다.

슈퍼문

김다정

달이 무슨 의미인 줄 알아?

동화책을 읽어주던 엄마가 말했다. 달은 지구와 새로운 세계를 연결해 주는 문이래.

점점 무거워지는 눈꺼풀을 감으며 생각했다. 달을 열고 나가면 어떤 세계가 펼쳐질까? 하늘나라가 있지 않을까? 그래서 엄마가 죽었을 때도, 마냥 엄마는 달 너머 어딘가로 갔을 것이라 생각했다. 바닥에 주저앉아 술만 들이켜는 아빠에게 엄마는 새로운 세계로 여행을 간 것 뿐이라고 말했다. 순진하게도 말이다. 그 말에 아빠는 꽉 막힌 듯한 울음소리를 내었다. 위로를 받은 건지, 절망감에 빠진 건지 나로서는 알 길이 없었다. 모든 것을 이해하기에는 너무 어린 나이였다. 그저 매일 밤 술을 마시고 겨우 잠에 드는 아빠를 보고 슬픔의 깊이를 어렴풋하게나마 느낄 뿐이었다.

그 슬픔을 완전히 이해할 수 있게 된 것은 엄마가 죽은 지 10년째 되던 날이었다. 그날도 하늘에는 달이 떠 있었다. 달빛이 어둠을 환하게 밝혀주면 좋으련만, 반쪽짜리 달은 어두컴컴한 하늘에 간신히 떠 있는 것 같았다. 그 희미한 불빛은 반쪽짜리 우리 가족을 더욱 처량하게 만들었다. 할머니가 돌아가시고, 엄마도 돌아가시고 우리 집에는 채울 수 없는 빈자리가 생겼다. 처음에는 침대의 옆자리가 비었고, 식탁의 한

편이 비었고, 소파의 한구석이, 신발장의 여러 칸이 비었다. 그 빈자리는 점점 퍼져가 마음속에도 자리 잡았다. 매일 반쪽짜리 마음으로 살아간다는 것은 늘 불행과 함께 사는 것과 다름이 없었다. 불행이라는 소용돌이에 한 번 빠지면 작은 행복도 아무런 소용이 없었다. 점점 더 깊은 곳으로 빠지지 않기 위해 허우적대며 하루하루를 사는 것이었다. 아빠는 매일 회식이다, 야근이다 하며 해가 완전히 지고서야 집에 들어왔다. 나는 그때까지 쓸쓸함을 달래고자 거실에서 드라마를 보며 시간을 보냈다. 아빠는 그런 나를 보고 늘 한마디 했다.

"아직도 안 자고 뭐해?"

"저 집에 엄마가 해주는 갈비찜 있잖아……. 우리 엄마도 잘했던 거 같은데. 먹고 싶다."

나는 부러 텔레비전의 볼륨을 키우며 말했다.

사실은 아빠를 기다렸어. 집에 돌아왔을 때 불이 꺼져있으면 아빠가 슬플까봐. 재미도 없는 티비를 매일 밤 보는 거야. 낯간지러운 말들을 속으로 삼키며 방에 들어갔다. 내가 방에 들어가면 아빠는 할아버지를 불러내 항상 같은 말을 했다.

"오늘도 쓸데없는 짓 하고 돌아다닌 건 아니지?"

아빠가 말하는 쓸데없는 짓은 아마도 쓰레기 줍는 일을 가리킬 것이다. 얼마 전 아빠는 할아버지와 함께 병원에 갔다. 할머니와 엄마가 죽고 할아버지는 점점 기억을 잃어갔다. 그리곤 매일 하릴없이 거리를 서성이기 시작했다. 처음에는 은퇴를 하고 적적해서 그런가 보다 하고 넘겼지만 그뿐만이 아니었던 것이다.

"……알츠하이머입니다. 원인을 알 수 없는 뚜렷한 뇌 위축으로 기억력과 지남력이 감퇴하는 병인데, 쉽게 말해서 치매라는 거죠."

의사의 말을 들었을 때 할아버지의 표정을 잊을 수 없었다. 나이가 들어 흐릿해진 눈동자에 물기가 차오르다 그렁그렁 맺혔지만, 차마 흐르지 못하고 금세 바싹 말라버렸다. 그날 말라버린 건 눈물만이 아닐지도 모른다. 그 뒤로 할아버지의 얼굴에서는 아무런 감정도 느낄 수 없었다. 할아버지는 웃지도 울지도 화를 내지도 않고 그저 멍한 표정으로 어딘가를 바라볼 뿐이었다.

문득 아빠를 따라 장례식장에 갔을 때의 일이 머릿속에서 부스럭거리며 살아났다. 그날은 처음으로 장례식장이란 곳을 갔던 날이었다. 검은 옷을 입은 사람들이 분주하게 움직이고, 할머니의 사진에서는 매캐한 향냄새가 났다. 나는 엄마 옆에서 국화 꽃잎을 떼며 지루함을 참고 있었다. 사람들이 하나 둘씩 떠나고 달이 하늘에 떠올랐을 무렵 할아버지가 할머니의 사진을 끌어안으며 말했다.

"순아, 그곳은 어떠니……. 편안하니? 나는 잘 지내진 못하고 있구나. 모든 관계에 이별이 있다는 걸 알면서도 이렇게 아픈 줄은 몰랐어. 그 먼 길을 혼자 가게 해 미안하구나. 나는 당신을 보지 못하지만 달은 볼 수 있겠지. 우리 순이 거기서는 외롭고 슬프지 않게 해달라고 달에게 빌어보마. 아프고 힘든 건 내가 다 할 테니 당신은 편히 쉬게 해달라고……."

그날 밤 하늘에는 보름달이 떠올랐었다. 달은 매미 소리만 울리는 어둠 속에서 홀로 빛나고 있었다. 매미는 땅에 처박히기 전 마지막 발악을 하며 울고 있었다. 달이 지고 해가 떠오를 때까지 떠나려는 자와 떠난 자를 그리워하는 자들의 통곡 소리가 뒤섞여 화음을 이루며 장례식장에 울려 퍼졌다.

*

　누군가 말했다. 추억 속에 산다는 건 괴로운 일이라고. 추억에 잠겨 사는 이는 앞으로 나아가지도 못한다고. 계속 과거만 바라보고 있으니 뒷걸음질 칠 수밖에 없는 것이다. 그나마 할 수 있는 것은 그냥 제자리에 있는 것이다. 남들은 모두 앞으로 나아가는데 그 사이에서 덩그러니 뒤를 보며 서 있을 뿐이다. 달이 밝게 떠오르는 날이면 할아버지는 멍하니 하늘을 올려다봤다. 그 시선을 따라가 보면 달이 맑고 환하게 떠올라있었다. 할아버지의 눈동자에도 달이 함께 떠올랐다.
　이번 여름 방학은 사뭇 바빴다. 매일 아침 할아버지를 노인복지관에 데려다주어야 했기 때문이다. 아빠가 급히 아침밥을 먹고 출근하면, 나와 할아버지는 밥을 마저 먹고 길을 나섰다. 햇볕이 쨍쨍 내리쬐는 한낮이면 매미들도 쨍쨍 요란스럽게 울어댔다. 할아버지는 아무 말 없이 마냥 걷기만 하였다. 나도 별말 하지 않고 발걸음을 재게 놀렸다. 복지관에 도착하니 열 시였다. 할아버지는 조심히 가라는 말을 하고는 문을 열었다.

　문틈으로 새어 나오는 찬바람에 썰렁함이 느껴졌다. 나는 안을 흘낏 들여다보았다. 중풍에 걸린 사람처럼 다리를 건들건들하거나 지팡이를 짚고 아주 천천히 소심소심 걷는 노인들이 눈에 들어왔다. 그들의 눈동자를 보자 팔등에 소름이 오스스 돋았다. 에어컨 바람 때문이라 여기며 뒤로 돌아섰다.
　길을 돌아가자 수십 개의 가로수들이 길 가장자리에 줄지어 서 있는 것이 보였다. 그 사이를 지나가자 어김없이 매미 소리가 시끄럽게 들렸다. 큰 소리로 우는 매미일수록 암컷에게 인기가 많다고 한다. 수컷 매미는 일생을 암컷에게 구애를 하며 짧으면 7일, 길면 1달 정도 살아가다가 죽는다고 한다. 그러다 일순간 매미가 요란스럽게 울더니 '맴' 하는 소리와 함께 조용해졌다. 매미 한 마리가 바닥에 떨어져 또르르 굴러왔다. 바쁘게 옮기던 걸음을 멈추고 허리를 숙여 매미를 바라보았다.

더위에 지친 걸까. 아니면 짧은 생을 끝낸 걸까.

매미의 최후가 땅바닥에서 진창 구르며 사람들에게 밟히는 거라면 너무 비참한 거 아닌가 하는 생각이 들었다. 죽은 매미의 눈에는 이유 모를 쓸쓸함이 어려 있었다. 가슴 속에서 연민의 파도가 솟구쳐 올랐다. 매미를 화단에 묻어주는 마지막 순간까지도 까만 눈동자에서 눈을 뗄 수 없었다. 새까만 눈동자를 가만히 들여다보던 그때, 도로에서 빵 하고 울리는 자동차 경적에 놀라 고개를 돌렸다. 소리가 나는 곳에는 할아버지가 있었다.

도로의 차들은 여전히 빵빵하며 경적을 울려대고 있었다. 할아버지는 느릿느릿한 걸음으로 횡단보도를 건넜다. 머릿속에 갖가지 생각이 들었다. 언젠가 실종된 치매 노인이 길거리를 배회하다 발견되었다는 뉴스를 본 것이 떠올랐다.

나는 다급하게 할아버지를 뒤따라갔다. 할아버지는 어느새 횡단보도를 건너 좁은 골목으로 들어가고 있었다. 점점 마음이 조급해졌다. 도로를 쌩쌩 달리는 차들 너머로 할아버지의 모습이 언뜻언뜻 눈에 들어왔다. 신호등이 초록 불로 바뀔 무렵 할아버지는 더 이상 보이지 않았다. 나는 할아버지를 뒤따라 골목으로 들어갔다. 골목 양옆으로 낮은 주택들이 줄지어 서 있었다. 대부분의 건물이 낡고 오래되어 퀴퀴한 냄새가 풍겼다. 전봇대에는 거미줄이 얽혀 있고 그 밑에는 쓰레기와 잡동

사니가 모여 쌓여있었다.

　조금 더 안쪽으로 들어가자 쓰레기를 줍는 할아버지의 모습이 보였다. 할아버지는 폐지와 빈 병을 줍고 있었다. 노끈으로 묶은 눅눅한 폐지를 한 손에 들고, 플라스틱병들을 구겨 옆구리에 낀 채였다. 그 뒷모습이 어딘가 모르게 위태로워 보였다.

"할아버지"

　나는 나직한 목소리로 할아버지를 불렀다. 그러나 할아버지는 뒤를 돌아보지 않았다. 나는 한 번 더 할아버지를 불렀다.

"할아버지!"

　이번엔 할아버지가 움찔했다. 그러나 뒤를 돌아보지는 않았다. 답답해진 나는 할아버지의 어깨를 잡아 뒤로 제쳤다. 예상하지 못했는지 할아버지는 잠깐 비틀거리다가 고개를 들어 눈을 마주쳤다. 할아버지는 나를 알아보지 못한 듯했다. 그저 아무 말 없이 서로를 바라봤다. 우리 사이에는 팽팽한 긴장감이 감도는 정적이 흘렀다. 할아버지의 눈동자를 가만히 들여다보자 어떤 묘한 기시감에서 헤어날 수가 없었다. 무언가 말을 건네려다 창문에 비친 내 모습을 보는 순간, 나는 아까부터 내 기억을 간질이던 기시감의 정체를 찾아냈다.

*

　귀에서 '삐이'하는 소리가 날카롭게 울렸다. 벽을 짚고 어지러움이 멈출 때까지 가만히 있었다. 너무 늦게 자서 그런가. 잠을 자도 가위에 눌리고 악몽을 꿔서 새벽녘까지 잠을 이루지 못했다. 낮까지 늘어지게 자고 싶었지만 오늘은 그럴 수 없었다. 피곤한 몸을 겨우 끌고 거실로 나가자 아빠는 벌써 상을 차리고 식탁에 앉아있었다. 식탁에는 다섯 개의 그릇이 놓여있었다.

"이제 일어났니? 빨리 씻고 옷 갈아입고 앉아."

평소와 달리 머리도 깔끔하게 넘기고 빳빳한 정장을 입은 아빠가 말했다.

"교복 다려놨으니까 그거 입고 와라."

나는 의자에 걸려 있는 교복을 힐끗 보고 화장실로 들어갔다. 비좁은 화장실에 들어가자 거울에 비친 내 얼굴이 눈에 들어왔다. 닦은지 얼마 안 됐는지 꾀죄죄한 몰골이 적나라하게 비쳤다. 찬물을 몇 번 끼얹으니 잠이 달아나는 듯했다. 머리에도 물을 묻히고 고개를 들었다. 그러자 흰자위가 빨갛게 충혈된 눈과 마주쳤다.

거울 속의 내가 붉은 눈으로 나를 바라보고 있었다. 거울에 코가 닿을 정도로 얼굴을 더 가까이 내밀어봤다. 충혈된 눈이 더 자세히 보였다. 흰자를 가득 채운 새빨간 핏줄이 눈동자를 감싸고 있었다. 눈동자가 핏줄에 집어삼켜지는 것 같았다. 문득 이대로 거울 속으로 들어가고 싶다는 생각을 했다. 무언가로부터 도망치고 싶었다. 밖에서 나를 재촉하는 아빠로부터, 몇 년째 나를 괴롭히는 지독한 불면으로부터.

그러나 변하는 건 없었다. 나는 옷을 갈아입고 식탁에 앉았다. 빈자리에 놓인 그릇을 보니 무기력 속으로 점점 더 빠져드는 듯했다. 무기력에 짓눌려 늪에서 영영 빠져나오지 못할 것만 같았다. 점점 더 깊이 빠지지 않게 오늘도 허우적댈 뿐이었다.

*

"네가 여긴 어쩐 일이냐?"

할아버지의 말에 상념의 소용돌이에서 벗어날 수 있었다. 어느새 정신이 돌아온 듯한 할아버지는 의아한 표정을 짓고 있었다. 무슨 말을 해야 할까. 입을 움찔댔지만 무슨 말을 해야 할지 감이 잡히지 않았다.

"집에 가요, 할아버지……."

나는 할아버지에게서 쓰레기를 뺏어들고 말했다. 할아버지는 여전히 이해가 안 되는지 멍한 눈으로 나를 바라봤다. 나는 아무 말 없이 왔던 길을 되돌아갔다. 할아버지가 뒤처지는 게 느껴졌지만 발걸음을 늦추고 싶지 않았다. 이따금 뒤를 돌아보면 할아버지는 뒤뚱뒤뚱 절룩이는 걸음으로 나와의 거리를 좁혔다.

땡볕 아래서 한참을 걸으니 온몸이 녹아내리는 것 같았다. 할아버지도 지친 기색이 역력했다. 나는 서둘러 비밀번호를 누르고 집으로 들어섰다. 훅 끼치는 시원한 공기에 숨통이 트이기도 잠시, 곧바로 헉하며 숨이 멈췄다. 현관에 아빠의 신발이 놓여있었다. 찰나의 순간 수많은 가정이 떠올랐다. 벌써 집에 돌아온 걸까? 오늘만 다른 신발을 신고 간 걸까? 왜 벌써 왔냐고 하면, 뭐라고 둘러대지? 거실로 들어서며 머리를 쥐어짜 냈지만 고민할 필요가 없었다. 아침에 출근했던 아빠가 소파에 앉아 있었다. 아빠는 내 뒤를 따라 들어와서는 할아버지를 보자마자 버럭 소리를 질렀다.

"아빠, 내가 쓸데없는 짓 하고 다니시 말라고 했잖아!"

할아버지는 어깨를 움찔 떨었다. 잔뜩 움츠러든 어깨가 유난히 더 작아 보였다. 이어지는 정적에 아빠는 말을 마구 쏟아부었다.

"내가 주는 용돈이 부족해?"

"……."

"아님, 복지관 가는 것만으로는 심심해?"

"······."

"그렇게 입 다물고만 있지 말고 뭐라고 말 좀 해봐!"

할아버지는 여전히 말이 없었다. 망부석처럼 가만히 바닥만 바라보고 있었다. 또다시 치매가 도진 걸까. 나는 발소리를 죽인 채 조심스레 할아버지에게 다가갔다. 천천히 허리를 숙여 할아버지와 눈을 맞췄다. 그 순간 나는 보고야 말았다. 빛을 받아 반짝이던 눈이 어둠 속으로 빨려 들어가고 있었다. 마치 할아버지의 영혼이 늪에 빠진 것만 같았다. 갑자기 눈앞이 아득해져 오는 느낌에 나는 할아버지의 손을 잡고 몸을 일으켰다.

그러자 아빠가 몸을 일으키며 말했다.

"그놈의 할망구를 아직도 못 잊어서 궁상이나 떨고, 이까짓 것들 다 갖다버리면 되잖아!"

아빠는 기어이 쓰레기를 할아버지 앞에 던지고 창고로 달려갔다. 그리고는 커다란 박스 하나를 질질 끌고 왔다. 박스에는 뽀얀 먼지가 겹겹이 쌓여있었다. 엄마가 떠나고 한 번도 열어보지 않았으니 당연했다. 거친 숨을 몰아쉬던 아빠는 쓰레기 봉투를 가져와 상자 안의 것들을 옮겨 담기 시작했다. 유행이 지난 스웨터와 텅 빈 화분, 바랜 노트들, 구두가 쓰레기통에 처박혔다.

무슨 생각이었는지 모르겠다. 나는 아빠에게서 봉투를 거칠게 빼앗아 들고는 방에 뛰어 들어갔다. 할아버지와 단둘이 남겨진 아빠가 어떤 얼굴을 하고 있을지는 생각할 틈도 없었다. 당장 아빠에게서 엄마와 할머니의 물건을 지켜야겠다는 생각뿐이었다. 정말 이것만큼은 버릴 수 없었다. 방문을 걸어 잠그고 바닥에 주저앉았다. 밖에서 나를 부르는 소리가 들려왔다.
  나는 눈을 꼭 감고 쓰레기를 감싸 안았다. 그리곤 속으로 생각했다.
  이것마저 잃을 순 없어…….
  누군가를 그리워하는 게 슬픈 이유는 그 사람을 볼 수 없어서가 아니다. 마음껏 그리워하고 싶은데, 서서히 기억에서 지워진다는 사실 때문이다. 그래서 추억조차 할 수 없게 되는 것이다. 날 다정하게 불러주던 목소리도, 얼굴도 조금씩 희미해져갔다.

*

  아마 그 일이 있고 나서였을 것이다. 처음엔 밤마다 술에 취해 들어오던 아빠가 어느 날 집을 나가고 하루가 지나서야 들어오기 시작했다. 하루가 이틀이 되고 사흘, 나흘이 되도록 집에 들어오지 않기 시작했다. 밤마다 거실에 앉아 아빠를 기다렸지만 까무룩 잠들고 나면 아빠는 어느새 출근한 뒤였다. 가끔 정신이 돌아온 할아버지도 아빠를 찾았다.
  "네 아빠는 이 시간까지 안 들어오고 어딜 그렇게 싸돌아다니냐?"
  "회사 일이 바빠서 늦게 들어온대요."
  어느덧 시간은 흘러서 개학식이 코앞으로 다가오고 있었다. 학교에 큰 의미를 두지는 않지만 괜스레 잠이 오지 않았다. 옆자리에는 누가 앉을지, 교과서를 챙겨갈시, 점심은 누구랑 믹을지 하는 잡념들이 머릿속을 돌아다니며 신경을 건드렸다. 째깍거리는 시계 소리와 찌르르 울리는 벌레 소리마저도 귀에 거슬렸다. 지독한 불면의 밤이었다. 내일 일찍 일어나기 위해서 자야 한다는 걸 머리로는 알았지만 잠은 영 오질 않았다.

창밖에서는 계속해서 신경을 건드리던 벌레 소리가 울려 퍼지고 있었다. 창문을 닫기 위해 몸을 일으켰다가 피부를 스치고 지나가는 시원한 바람에 창밖으로 고개를 내밀어 보았다. 무더위가 한풀 누그러진 여름밤은 조용하고 한적해서 가슴이 간질거렸다. 가만히 눈을 감고 불어오는 바람을 만끽할 때였다. 어디선가 익숙한 담배 냄새가 바람에 실려와 코를 찔렀다. 아래를 내려다보니 아파트 앞 화단에서 누군가 콧노래를 흥얼거리며 담배를 피우고 있었다. 그가 뱉은 연기와 함께 구슬픈 트로트 가락이 내가 서 있는 곳까지 떠올랐다. 고음에서 덜덜 떨리는 노랫소리는 퍽 우스꽝스러웠지만 어느 순간부터 울음소리가 섞여 들려왔다. 센서 등이 켜지자 그의 얼굴이 눈에 들어왔다.

며칠 만에 보는 아빠의 얼굴은 잔뜩 젖어있었다. 아빠는 고개를 들어 하늘을 바라보고 있었다. 그리곤 한숨을 쉬듯 연기를 내뱉었다. 그러자 까마득한 어둠 속에서 희뿌연 연기가 떠올랐다. 달 언저리에는 둥그런 띠처럼 희뿌연 달무리가 생겼다. 나는 아빠의 한숨이 엄마를 꽁꽁 감싸 쥐고 있는 것만 같다고 생각했다. 아빠는 담배꽁초를 비벼끄고는 걸음을 옮겼다. 술에 취한 듯 비틀대며 주차장으로 걸어가는 모습이 무척이나 아슬아슬해 보였다. 달빛 아래 축 처진 어깨가 여간 쓸쓸해 보이는 게 아니었다. 그 순간 나는 깨달았다.

아빠도 반쪽짜리 가슴을 안고 겨우 살아가고 있다는 것을. 내가 엄마를 잃은 날, 아빠도 사랑하는 사람을 떠나보낸 것이었다.

9월 28일은 긴 추석 연휴의 시작이었다.

이제까지 추석에 의미가 있었던 적은 한 번도 없었다. 그냥 긴 휴일일 뿐, 아무런 감흥도 없었다. 추석을 쇠러 갈 친척 집도 없었고, 명절 음식을 해 먹는 일도 없었다. 아빠가 시장에서 사 온 음식들로 단출하게 제사상을 차릴 뿐이었다. 차갑게 식은 제사상을 먹고 나서는 공연히 우울해져서 일부러 잠을 오래 자거나 어영부영 시간을 보내기만 했다. 옆집에서 들려오는 화목한 웃음소리와 내 처지가 더욱 비교되어 귀를 막고 눈을 감았다.

그러나 올해는 달랐다. 아침에 눈을 뜨자마자 책장을 뒤져 숨겨놓은 비상금을 꺼냈다. 그러고는 여기저기 닳고 구겨진 지폐를 잘 펴서 지갑 안에 넣었다. 명절에 시장을 가본 것은 아주 오래전의 일이었다. 무언가 노릇노릇 익어가고 고소한 냄새가 풍기는 시장에서 나는 자꾸 어머니의 손을 잡고 구경했던 어린 시절이 떠올랐다. 서둘러 반찬거리를 사서 가려던 차에 누군가가 나를 불러 세웠다.

"어머, 혹시 김 씨네 아들 아니야?"

"네? 저를 아세요?"

"그럼 기억하고말고! 그나저나 엄마를 쏙 빼닮았네~"

"……제가요?"

"그래, 이쁘게 잘 컸네 잘 컸어!"

가게 주인은 연신 칭찬을 하더니 과일을 손에 쥐어주었다. 과일을 사려는 다른 손님들이 가게로 몰려드는 통에 감사 인사를 할 틈도 없었다. 집까지 걸어오는 길 내내 가게 주인이 한 말이 귓전에 맴돌았다. 내가 정말 엄마를 닮았었나 하고 곰곰이 기억을 더듬어 보았다. 마지막 기억 속의 엄마는 희고 투명한 모습이어서 상상이 되지 않았다. 그러나 상을 다 차리고 엄마의 영정 사진을 보는 순간 비로소 깨달았다. 사진 속의 엄마는 해맑게 웃고 있었다. 아픈 것은 다 잊은 듯한 모습을 보고 있자니 곧 환상에 사로잡혔다. 아주 눈부신 환상이었다. 무거운 몸을 떨치고 저 하늘 위로 날아올라 밝게 빛나는 환상이었다.

이전까지는 맛이 없어 보였던 제사상이 먹음직스러워 보였다. 나는 할아버지와 제사상 앞에서 절을 하고 밥을 먹었다. 입에 들어오는 음식은 더 이상 씹기 껄끄럽게 느껴지지 않았다. 할아버지도 배가 고팠던지 있는 밥을 남김없이 먹어 치웠다. 한바탕 식사를 마치고 나니 몸이 가벼워 후련하기까지 했다.

나는 벽에 기대선 채 한동안 눈을 감았다. 그리고 생각했다. 그래, 엄마는 없어진 게 아니야. 달 너머 새로운 세계로 떠난 거야. 눈을 감고 저녁이 오기를 기다렸다. 노래를 흥얼거리며 아빠가 돌아오기를 기다렸다.

삐삐 삑 띠리리.

도어락이 열리는 소리와 함께 술 냄새가 훅 풍겨왔다. 술을 얼마나 마신 건지 아빠가 움직일 때마다 시큼한 알코올 냄새가 진동을 했다. 아빠는 여느 때와 같이 방으로 곧장 들어가려다 갑자기 식탁 앞에서 걸음을 우뚝 멈춰 세우더니 얼어붙은 듯 침묵이 흘렀다. 그 순간 아빠의 얼굴에서 눈물이 한 방울 흘러내렸다. 흥건히 젖은 시선을 따라 간 곳에는 엄마의 사진이 있었다. 아빠는 한참을 바라보다 고개를 돌렸다. 눈이 마주치고 한동안 긴 정적이 이어졌다. 희뿌연 눈동자는 충격의 파도에 휩쓸린 듯 마구 흔들리고 있었다. 얼마나 흘렀을까. 눈동자는 점점 제자리를 찾아가고 있었다. 연신 흘러내리던 눈물이 멈추고 아빠가 말했다.

"혼자 상도 차릴 줄 알고, 잘 컸네 우리 아들……."

그 말을 듣는 동시에 내 안에서 무언가 툭 끊어지는 느낌이었다. 놓기 싫어 꼭 붙잡고 있던 풍선을 놓은 것만 같은 기분이었다. 나는 그동안 풍선을 내내 붙들고 살았다. 그것이 엄마와의 마지막 연결 고리라도 되는 양, 가슴에 꽁꽁 묶어놨던 것이다. 나를 보면 모두가 '엄마도 없으니 삐뚤어지지 않고 잘 커야 할텐데…….'라며 걱정을 했었다. 그게 정말 진심 어린 걱정인지는 아직도 의문이다. 가시 박힌 말들에 풍선이 터지지 않게 더 깊숙이 숨기고 또 숨겼다. 그러나 이제는 풀어줄 때가 된 것이다. 아빠의 말을 시발점으로 풀린 풍선은 내 마음속을 자유자재로 날아다녔다. 자유로워진 풍선은 유유히 떠 올라 어둠 속으로 사라졌다.

 나는 방에서 쓰레기봉투를 가져와 밖으로 나왔다. 아빠와 할아버지도 곰팡이가 슨 가구들을 들고 날랐다. 우리는 묵묵히 물건들을 비워냈다. 오랫동안 빨지 않은 옷들에서 곰팡이 냄새가 쿰쿰하게 올라왔다. 그때 어디선가 바람이 기분 좋게 선들 불어왔다.

 그날 밤, 하늘에는 보름달이 떠올랐다. 가만히 하늘을 바라보는 아빠와 할아버지의 눈에도 보름달이 떠올랐다. 나는 나의 눈에도 그들처럼 환한 빛이 떠올랐을 것이 틀림없다. 고요한 달빛은 그렇게, 언제 어디서나 우리를 비출 것이라 믿어 의심치 않았다.

셔터 한 번에 영원을

정소은

 현이 죽었다. 영정 속 현을 하염없이 바라보았다. 준비할 시간이 있는 죽음이 아니었기에 현의 영정 사진은 나와 여행을 갔을 때, 찍은 사진이 대신했다. 영정과 현이 하나도 어울리지 않아서, 웃고 있는 저 얼굴이 정적임과는 거리가 너무 먼 것만 같아서, 나도 모르게 현아, 하고 불렀다. 입에서 흘러나온 공기의 떨림은 어떠한 반사적 작용도 만들어내지 않고, 액자에 부딪혀 부스러졌다. 묵묵부답이었다. 그저 날 미동도 없이 부드럽게 응시할 뿐. 입안이 썼다.
 현의 짐은 얼마 되지 않았다. 옷은 박스 2개에, 다른 잡동사니들은 박스 하나에 정리되었다. 박스 3개와 옷장, 침대. 우리 집에 남아있던 현의 흔적이 깔끔히 정리되었다. 함께 살았던 5년이 50분가량의 청소로 정리되는 게 이상했다. 집에는 현의 공기조차 남지 않았다. 그 5년이 백일몽 같았다.
 마지막으로 집을 훑어보던 중 작은 가죽 케이스가 눈에 들어왔다. 다 낡아서 검은 조각이 손에 다 묻는 손바닥만 한 가죽 케이스였다. 그 안에는 검은색의 투박한 게 있었다. 필름 카메라였다. 요즘 유행하는 아기자기하고 원색의 예쁜 카메라가 아니라, 20년 전에 사용했을 것만 같은 세월의 흔적이 고스란히 남아있는 것이었다. 내 것일 리는 없었다. 나와 카메라는 전혀 친분이 없는 것이었기에. 막연히 현의 것이라는 생각이 들었다. 현이 카메라를 들고 다니는 것을 본 적도 없지만, 그 애가 사진에 애착을 가지고 있는 것은 더더욱 아니지만. 그냥, 그냥 그럴 것 같았다.

카메라의 전원을 켜니 옛날 디지털 기기 특유의 '지잉-' 하는 소리가 들리며 작은 화면에 숫자가 떴다. 3에서 멈춰버린 숫자. 셔터를 눌러도 아무런 미동이 없었다. 고장인가? 셔터를 눌러보고 몇 번 때려도 보았다. 하지만 여전히 카메라는 미동도 없었다. 다른 버튼들은 눌렀다가 잘못될까 봐 눌러보지도 못했다. 어쩔 수 없이 카메라의 전원을 껐다. 카메라 속 사진이 보고 싶었다.

"필름이 걸렸다고요?"

"그래요. 근데 아가씨가 거기다가 대고 셔터를 몇 번이나 눌렀다고 하니까. 에헤이, 이거 망했네."

사진사 아저씨가 카메라를 쓱쓱 둘러보면서 말했다. 아저씨는 카메라를 이리 만져보고 저리 만져보고 한숨을 쉬고, 다시 이리 만져보고 저리 만져보고 한숨을 쉬고. 그렇게 한숨만 3번은 쉬었다.

"이거 뚜껑 열지는 않았죠?"

"이게 열려요?"

"아가씨 것 아니야? 필름은 어떻게 넣은 거예요? 아, 뭐 그럼 필름은 타지는 않았겠네."

진구 거라서요⋯⋯. 어쩌시인지 목소리가 기어들어 갔다. 아저씨는 소심한 해명을 듣지도 못하고 다시 카메라를 들여다보기에 열중했다.

"그럼 고칠 수 있는 거예요?"

"뭐⋯⋯. 고칠 수야 있겠지."

"그럼⋯⋯. 얼마나⋯⋯."

"근데 난 못 고쳐. 고쳐본 적도 없는 기종이에요. 그리고 별로 추천도 안 하고. 어차피 같은 필름에 사진이 몇 장이나 찍혔는데, 알아볼 수 있는 게 한 장이라도 있겠어요?"

아저씨는 내게 도로 카메라를 돌려주었다.

"자, 15,000원이요."

"수리도 안 했는데요?"

"봐주는 것도 돈이지. 그걸 날로 먹으려고요? 요즘 젊은 사람들이란…."

아저씨는 나를 도둑 보듯이 보며 혀를 찼다. 어쩔 수 없이 아저씨에게 카드를 내밀었다. 순 사기꾼. 기분이 상해 작게 중얼거렸다.

밖에 나서자 비가 추적추적 내렸다. 가뜩이나 기분도 안 좋은데 비까지 내리자, 기분이 최악으로 치닫는 것은 별일도 아니었다. 집으로 가는 버스에 타서 맨 뒷자리에 탔다. 핸드폰 알고리즘은 필름 카메라에 대한 것들로 뒤덮여 있었다. 포털사이트에 들어가자 내 흥미에 맞는 카페라며 카메라에 대한 카페들이 줄줄이 떴다. 속는 셈 치고 아무 카페나 가입해서 도움을 청하는 글을 썼다.

며칠 뒤, 누군가가 내게 일대일 메시지를 보냈다.

― 카메라 수리하는 방법을 찾고 계신 건가요?

― 네.

― 제가 아는 곳이 있어요. 전에 갔던 사진관 어르신이 그런 걸 고치더라고요.

역시 집단지성의 힘이다. 처음에 갔던 사진관 말고도 다른 사진관 대여섯 곳을 더 다녀왔으나 모두 나의 수리 요청은 반려되었다. 필름이 모두 손상되었을 것 같아서, 너무 옛날 기종이라서 수리가 어렵다는 이유였다. 근데 아무런 기대 없이 인터넷에 올린 글이 예상치 못한 도움이 되었다.

– 어디인지 알 수 있어요?

– 제가 동행해도 될까요? 검색해도 안 나오는 곳이라.

역시 인터넷은 믿으면 안 되는 것이었다. 개수작인가. 수가 너무 뻔해서 화도 나지 않았다. 그냥 차단하고, 글을 삭제해야지 싶었다.

–아, 정말입니다. 정말 지도에 안 나와요.

말도 안 했는데, 제 발이 저린 것일까. 상대방이 먼저 해명을 하는 것이었다.

– 제가 그걸 어떻게 믿어요.

– 정말입니다. 꼭 혼자 오실 필요 없고 다른 지인분들 몇 명이고 데려오셔도 상관없습니다.

이상한 사람이었다. 정말 순수하게 카메라를 너무 사랑해서 자신의 능력이 닿는 곳까지 사람들을 도와주고 싶다는 선의지에 사로잡힌 사람인 것일까. 그 사람의 프로필을 눌러보았다. 토마토 킬러라는 닉네임으로 활동하는가 보다. 사진을 찍으러 다닌다는 게시글이 줄줄이 있었다. 토마토 킬러라는 이름을 검색해 보니 나름 그에게 도움을 받은 사람도 많았다. 고민되었다. 이 정도면 신뢰하지 못할 정도는 아닌 것 같은데, 이 사람이 아니면 내가 카메라를 고칠 방법이 있을 것 같지도 않았다.

– 좋아요. 따라갈게요.

– 어느 지역 살아요?

– 서울이요.

– 이번 주말 시간 괜찮으세요?

— 네.
— 그럼 이번 주 토요일 10시에 강남역 1번 출구 쪽에서 봅시다. 괜찮아요?
— 네.
— 그럼 그때 뵐게요.

대화는 건조하게 끝났고, 토요일은 생각보다 빨리 왔다. 기대 반 걱정 반의 마음으로 강남역 앞에 왔다. 손에 들려있던 카메라 가방을 더 꼭 쥐었다. 내가 너에 대해서 뭘 모르고 있었던 거야, 현아.

— 흰 차 앞에 서 있습니다. 4376이에요.

토마토킬러가 말해준 차 앞에는 번듯한 인상의 사람이 핸드폰을 보고 서 있었다. 깔끔한 이미지, 그가 찍는 사진과 비슷했다.

"그…… 토마토킬러님?"

핸드폰만 응시하고 있던 그가 놀란 듯 고개를 번쩍 들었다. 둥근 눈꼬리와 살짝 올라간 입꼬리가 나쁜 사람 같지는 않았다.

"아, 네. 최정원입니다."

"아……. 저는 한정윤이요."

"아, 그럼 타시면 됩니다."

쭈뼛쭈뼛 조수석에 탔다. 정원도 자리에 타서는 시동을 걸었다. 그리고 그냥 출발했다. 택시를 타고 가는 것처럼 그냥 이동만 도와주겠다는 것마냥.

"좀 멀리 갑니다. 사진관이 강릉에 있어서요."

이상한 사람이다 싶었다. 무슨 왕복 네 시간의 대장정을 오늘 점심으로 샌드위치를 먹었다고 이야기하는 것처럼 이야기한단 말인가.

"생각보다 머네요."

"학생 때 많이 가던 사진관이라……. 제 고향이 강릉이거든요."

"아……. 그럼 바다 많이 봤겠네요."

"넘어지면 코 닿는 곳에 있으니까요."

침묵이 적적해 한 말이었는데, 순간 현이 떠올랐다. 바다랑 잘 어울리는 아이였는데. 제주도에서 살다 온 현은 바다 같은 아이였다. 마음이 넓거나, 생각이 깊었다기보다는 바다에서 온 것만 같았다. 금방이라도 헤엄쳐서 나를 훌쩍 떠나버릴 것 같았던 인어 같은 아이, 그런 아이가 현이었다.

"바다 좋아하세요?"

"아뇨. 그냥, 그래요. 저보단 친구가 좋아했죠."

"아, 그러시구나……."

"그 친구가 카메라 주인이에요."

앞만 보고 있던 정원이 고개를 돌려 나를 봤다. 그의 시선이 내 손을 향했다. 그리고 내 손에 들려있는 카메라 가방으로 시선이 옮겨갔다.

"엄청 오래됐네요."

"그죠. 그래서 고칠 수 있는 곳이 없었어요."

"친구분이 사진 찍는 거 좋아했어요?"

좋아했던가. 내가 아는 현은 사진에 열성적이지 않았다. 그냥 필요한 기록을 남기기 위해서 사진을 몇 장 찍었다. 사진을 찍겠다고 아름다운 풍경을 향해 달려가지도 않았고, 남들이 SNS에 자신의 사진을 올릴 때, 현은 시큰둥한 표정으로 그들을 보곤 했다. 사진에 열성적이기보다는 이것저것 다 카메라를 들이미는 사람들을 미련하다고 생각하는 쪽에 더 가까웠던 것 같다.

"모르겠어요. 그래서 궁금해요. 그 애가 뭘 찍은 건지."

"아……. 그래서……."

정원은 말끝을 흐렸다. 그리고 다시 침묵. 고속도로에서 질주하는 차들의 소리만 들렸다. 뭘 말하고 싶은 거야. 괜히 기분이 찝찝했다.

"그래서라뇨?"

"아, 나쁜 뜻이 아니라, 보통 강릉까지 간다고 하면 학을 떼는 사람들이 있거든요. 근데 정윤 씨는 아무런 말이 없으셔서."

"이런 제안을 많이 하셨나 봐요."

"간절한 사람들일 테니까요. 정윤 씨 친구분은 좋은 사람이었나 봐요?"

좋은 사람. 현은 좋은 사람이었다. 강인하지만 여렸고, 또 한없이 어른 같기도 한 아이였다.

"네, 저보다 훨씬요."

"궁금하네요. 정윤 씨 친구분."

"저도요. 저도 그 애가 궁금하네요. 5년을 봤는데, 지금 와서 보니 하나도 모르는 것 같아요."

현이 좋아하는 것을 이야기하라고 하면 나는 자신 있게 말하지 못한다. 싫어하는 것도 마찬가지이다. 현의 가장 친한 친구이니 그 애가 좋아하는 게 뭐냐는 말에 부끄럽게 말을 얼버무린 적도 있다. 날 만나기 전에 그 애는 어떤 사람이었는지, 그 애의 꿈은 뭔지, 나는 그 어느 것도 자신 있게 말하지 못한다.

"사람들은 늘 베일에 둘러싸여 있기 마련이니까요."

"시간이 지나면 알 줄 알았는데, 아니더라고요."

"그게 그 사람의 전부일지도 모르죠. 정윤 씨가 볼 때, 친구분은 어떤 사람이에요?"

"사라질 것 같은 사람이요. 한없이 자유를 좋아하고 갇혀있는 걸 싫어하고, 하고 싶은 대로 움직이는 즉흥적인 사람이에요."

"근데 왜 사라질 것 같아요?"

"제가 현이를 가둬두고 있는 것 같았어요. 그래서 제가 현이를 놓으면 떠나버릴 것 같았어요."

현이 새와 같은 사람이면 나는 새장이었다. 현은 어느 순간부터 멍하게 밖을 보는 일이 많아졌다. 무언가를 떠올리고 있는 것 같았다. 내가 그런 현을 부르면 현은 다시 현실로 돌아왔다. 그 애가 꿈에 잠겨 있을 때면 나는 항상 그 애를 현실로 데려왔다. 그때부터 난 현의 새장이었다.

"현 씨는 재밌는 사람이네요."

나는 웃음으로 대답을 대신에 했다.

정원의 차에는 사진이 군데군데 붙어있었다. 새가 날아오르는 모습, 석양이 지는 바다, 옹기종기 모여있는 주택들. 모두 수준급의 사진이었다.

"사진은 다 정원 씨가 찍은 것들이에요?"

"네."

"사진, 멋지네요."

"어릴 때부터 좋아했어요. 그 순간을 남기면, 이해할 수 있을 것 같았거든요."

"이해요?"

"사진은 영원하잖아요. 그럼 지나가 버린 것을 한 번 더 볼 수 있으니까, 그래서 이해할 수 있을 것 같았어요."

"정원 씨는 이해한 것 같아요?"

"모르겠어요. 그냥 그렇다고 믿으려고요."

어느새 도착이었다. 정원의 차가 멈춰 선 곳에는 다 낡은 간판이 보였다. 사진관. 세월의 흔적이 그대로 남아있었다. 현의 카메라 같은 곳이었다.

카메라를 수리하는 건 생각보다 오래 걸리지 않았다. 사진관 할아버지는 카메라를 들고 들어가시더니 얼마 지나지 않아 카메라를 가지고 나왔다. 필름이 걸려 있던 것이라고, 그냥 그것을 풀어내면 끝이라고 하셨다. 이전에 나의 요구를 거절하던 사진관들이 머릿속을 스쳐 지나가면서 조금 웃음이 나왔다. 어이없음과 허탈함, 그 사이 어딘가에 있는 웃음이었다.

할아버지께서는 사진을 스캔하고 인화하는데 3시간 정도 걸린다고 하셨다. 맡겨놓고 다음에 다시 와서 찾아가겠냐는 할아버지의 말씀에 그냥 기다리겠다고 했다. 사진관 한쪽 벽면에는 사람들의 사진이 가득 걸려 있었다. 20~30년은 훌쩍 지났을 것 같은 옛날 사진부터 몇 달 전에 찍었을 것 같은 사진들까지 다양했다. 그 시간이 박제된 듯한 느낌에 사진을 한참 동안 바라보았다. 한참을 바라보다가 사진 속 사람들의 삶에 대해 생각해 보게 되었을 때, 정원이 말한 이해가 무엇인지 알 것만 같았다.

필름 카메라에 있던 사진에는 처음 보는 현의 모습이 있었다. 한국이 아닌 것 같은 곳에서 자유롭게 서핑을 즐기는 현의 모습, 처음 보는 사람들과 행복하게 웃고 있는 현의 모습, 나와는 먹으러 간 적 없는 음식을 먹고 있는 현의 모습. 처음 보는 모습이었다. 현이 종종 잠겨 있곤 하던 꿈속 장소가 바로 이 사진 속에 있던 곳일까.

"현이한테 이런 모습이 있는지 완전히 몰랐는데……."

"자유로워 보이네요. 현 씨의 모습."

"그러게요."

그래서 사라진 것일까요. 나는 끝말을 삼켰다. 서울로 돌아가는 내내 사진을 한참 동안 바라보았다. 현의 표정을 현이 있던 장소의 분위기를 현과 함께 웃고 있는 사람들의 얼굴을 하나하나 들여다보았다. 그렇게 본 처음 보는 현의 모습을 한참 동안 추억했다. 정원은 조용히 운전하며 내 시간을 지켜주었다.

"감사했습니다. 오늘."

"저야말로. 재밌었습니다. 이제 뭐 하실 거예요?"

"서핑을 해볼까 봐요. 그러면서 사진도 열심히 찍고요. 그럼 이해할 수 있지 않을까요. 제가 모르던 현이를."

무화과론

정혜림

"다녀왔습니다."

조금 지친 목소리가 문을 열고 들어섰다. 해맑게 반겨줄 익숙한 목소리를 기대했지만, 동창으로 들어오는 후텁지근한 바람만이 효진의 주위를 맴돌 뿐이었다. 목소리를 찾아 부엌을 향해 시선을 옮겼다. 그녀다. 그녀가 미소 짓고 있었다. 숨도 내쉬지 않은 그대로. 사진 속에서 가만히. 그녀의 숨을 타고 전해지던 무화과 향이 기억을 타고 스며들었다. 엄마는 무화과를 좋아했다. 그래서 찬바람이 시작되는 이즈음을 무화과의 계절이라고 불렀다. 소화도 잘되고 맛도 좋은데 보관은 어려운 게 딱 누군가를 닮았으니 김효진은 여름과 가을이 만나는 그 짧은 환절기를 효진의 이름으로 부르기도 했다.

2030. 09. 12.

새벽을 알리며 점멸하는 핸드폰의 잠금화면은 오늘의 시간을 알렸다. 7년하고 5달, 4일. 효진이 엄마의 뜨거운 숨을 손가락으로 느끼지 못하게 된 지. 벌써 그즈음이었다. 생각을 하면 할수록 어이없는 죽음이었다. 분명 알았을 텐데. 효진은 제 손에 들려있는 잘 건조된 씨의 매끈한 부분을 쓰다듬었다. 모난 곳이 다 닳아 몽돌이 되어버린 이 씨앗 하나 때문에 그녀가 죽었다.

김민아. 식물학 그 언저리에서 티끌만 한 관심이라도 있는 이라면 한 번쯤은 들어보았을, 한 번씩 경외감을 가져본 그 분야 최정상, 다시 말하자면 식물에 미친년. 그래서일까 엄마 김민아의 손을 잡고 따라간 연구실에서는 전부 효진을 신기하다는 눈빛으로 바라보았다. '그 김민아의 딸이라고?! 그 미친년이 결혼했다는 게 진짜였네'라는 종류의 표정이 얼굴에 숨김없이 보였던 게 아직까지도 어른거린다.

그런 엄마, 그런 환경, 그 속에서 자라난 자식은 당연하게도 제 엄마의 김민아와의 똑같은 길을 밟아야 했다. 초중고 생물 수석에, 대학 수석 입학, 수석 졸업. 그리고 연애 한번. 여기까지 모든 게 똑같았다. 그렇게 뒤따라간 길 위에서 어느새 그녀는 김민아의 그림자를 인지했다. 어느 식물이든 그녀의 머릿속에 위치하고 식물을 잘 피워내는 재능. 그것이 격차가 너무나도 컸다. 그렇다고 효진의 노력이 모자란 것은 아니었다. 그녀에게 김민아는 한마디로 개척자였고, 그녀는 그 길을 밟아가던 어린 탐험가였다. 지도에 적힌 그대로 발걸음을 옮기다 지도의 끝이 보인 것이었다. 밀림 한가운데에서 표류된 기분이었다. 마치 여태에 저의 단단한 믿음을 주던 노력이 눈뜨면 사라질 것들처럼 무의미하게만 느껴졌다. 하루의 시작이 동쪽에서 시작되는 것을 보고, 일어나 식사를 하고, 아무리 개척이라는 것을 시도해 보아도 다시금 현재의 위치로 돌아오는 하루를 보낸 다음, 해가 서쪽으로 고개를 집어넣을 때 잠을 잤나. 그런 하루를 망망대해 위의 조그만 뗏목 같은 이곳에서 무의미하게, 살아가기 위해서 반복되었다.

똑같은 하루가 기약 없이 반복된다면 어떠한 사람도 미쳐간다 했던가. 그 말이 타인에게도 해당되는지는 모르겠지만 그 말은 그녀의 현재 모습을, 미래 모습을 어느 정도 예상케 만들어 주었다. 딱 지금 보는 영화 속 인물보다 비참할 게 분명했다. 불 꺼진 차가운 거실에 앉아 다리를 소파 위로 올려 웅크린 채 TV 화면을 멍하게 바라보았다. 저녁의 푸르스름함이 무겁게 깔린 채 그 안에 선풍기 팬이 돌아가는 소리로 배우들의 목소리가 더욱 애절하게 녹아내렸다.

"……미안해요."

떨리던 목소리가 입을 닫자 목소리 안에 담겨있던 것들이 공기 중으로 퍼져나갔다. 말을 하지 않아도 충분히 둘 사이의 공간은 감정이 효모 역할을 한 듯 부풀어 올라 꽉 끼었다. 보는 사람들이 긴장감과 고요함에 압도되어 숨을 들이마시지 못하도록. 효진은 곧 터질 듯한 공기 속에서 무겁게 내려앉는 제 심장박동이 느껴졌다. 하지만 아무렇지 않은 듯 그것이 뜨겁게 간질이는 손가락을 만지면서 태연하게 화면을 응시했다.

"아. 밍하오. 나를 떠나지 말아요."

여자가 울음을 터트린다. 결국 울음을 참지 못한 모양인지 눈의 붉은 기가 갈라진 입술까지 흘러내렸다. 그러나 긴장감은 여전했다. 무언가 형용할 수 없는 것이 그들 사이를 가로막고 있음을 그들도 잘 알고 있는 듯 그대로 서 있었다. 눈물이 또륵하고 떨어진 턱 끝에서 남자의 구겨진 입술이 클로즈업되며 단조로운 피아노 연주가 흘러나온다.

"당신은 제 전부인데…… 그런데…… 그런데 이렇게 가버리면. 나는 어떻게…… 살아가라는…… 거예요."

농익은, 다시금 전환된 화면 속에는 여자의 얼굴로 가득 찼다. 고운 얼굴을 잔뜩 구긴 그녀가 파들거리며 손을 뻗는다. 하지만 이미 격차가 나버린 거리처럼 그의 마음도 무뎌진 듯했다.

"……결국 사람은 혼자니까. 혼자 사는 법도 배워야죠. 부미양."

또렷하게 들리던 옅은 빛깔 목소리가 서서히 뭉개어져 절절함까지 느껴졌다. 목에서부터 타고 올라가는 앵글 속 그의 얼굴은 마치 보이지 않는 선을 긋듯 그의 잔잔한 표정은 이미 이별을 준비한 듯 보였다. 그 말을 들은 여자가 복도를 가로지르며 뛰쳐나갔다. 구두 굽 소리가 점점 더 희미해지며 복도를 가로지르며 멀어졌다. 약간 흐릿해지는 시야에 소파에 몸을 눕혔다. 그 푹신함에 몸을 파묻어도 세월을 잔뜩 머금은 아파트에서는 그 희미한 소리마저 들려왔다. '이웃집 사람이 돌아오는 소린가….' 그녀는 아무렇지 않게 생각하며 다시 영화에 집중하려 했다. 발걸음 소리가 멈춘 곳이 저 문 너머가 아니었다면. 여러 문 중 가장 굳게 닫힌 곳. 그 문고리가 거칠게 철컥거리는 소리가 다시금 들려왔다. 부드럽게 손잡이를 내리던 누군가는 열리지 않는 문 앞에서 점점 더 거칠게 손잡이를 잡아 내렸다. 집을 잘못 찾은 새로운 취객인가 하던 차에 여러 사람의 인기척이 전해졌다. 아주머니들의 사투리 섞인 쩌렁쩌렁한 목소리에 이어 낯선, 간만의 표준어 억양의 여자 목소리가 이어졌다. 그 목소리들은 교묘하게 서로를 타고 엉키어 하늘로 치솟아 오를 기세로 점점 높아졌다. 그 소리들로 TV 속 배우들은 목소리는 묻혀진 지 오래였다. 정지버튼을 누르자 집안에 고요해지는 느낌이 들었다. 그녀는 문 밖의 소리에 귀를 기울였다. 여러 사람의 엉킨 소리 사이로 '경찰'이라는 말이 흘러들어왔고 그녀는 저도 모르게 벌떡 몸을 일으켜 문에 설치된 렌즈로 문밖을 살펴보던 그녀는 조심스럽게 문을 열었다. 문 앞에는 옆집 아주머니와 경비, 그 백금발 머리를 부스스하고 날리는 여자가 서 있었다.

"봐봐라…… 여학생 산다니까 그러네."

"어…… 아……."

백금발의 여자는 효진의 등장에 당황한 듯 안색이 창백해졌다. 핏기 없는 얼굴에서 효진은 대충 상황을 파악하고 고개를 끄덕거리다 몸을 떨었다. 차가운 그녀의 손이 따뜻한 피부에 닿으면서 생긴 당연한 반응이었다.

"사기 아녜요?"

그 부동산 사기. 가만히 듣고만 있던 그녀의 첫마디였다. 솔직한 그녀의 말 때문인가 여자가 들고 있던 백과 캐리어를 내팽개치고 뒷주머니의 핸드폰을 꺼낸다. 전원 버튼을 꾸욱 누른다. 검은 화면에 로고가 몇 초, 전원을 키는 손에 힘이 잔뜩 들어가는 것이 보였다. 화면에 잠금 화면 사진이 뜨자 재빨리 최근 통화기록을 눌렀고, 곧 연결음이 들려왔다. 모두가 가만히 그 소리에 집중하고 있었다. 몇 번의 연결음이 들려왔을까 거친 바닷바람 소리가 들려왔다.

"여보세요."

여자가 인사말을 건넸다. 전화 너머에선 어떤 반응도 없었다. 그녀의 인사말은 관에서 울려 퍼지는 듯한 소리를 끝으로 통화가 종료되었다. 사장님으로 저장된 연락처 화면이 떴다. 최근 통화한 기록에 새로운 기록이 남았다. 아— 마지막으로 짧은 목소리가 들려왔다. 제법 날카롭게 생긴 그 여자의 얼굴이 맹하게 바뀌었다. 누가 봐도 곤란한 상황에 단단히 빠진 것을 느낄 수 있었다. 평평함을 유지하던 눈썹 미간 안쪽으로 파고 들어었다.

"집 구할 때까지만 저희 집에 계실래요?"

여기서 오래 있을 것 같은데. 이 근처에 집 구하는 거 어려울 거라. 옆집 아주머니도, 경비조차도 그 말에 고개를 주억거렸다. 여간 힘든 게 아니지. 응응. 그렇죠. 여자의 얼굴이 보기 좋게 변했다. 안쪽으로 모여있던 눈썹은 그대로이지만 눈이 조금 더 커다래진 것이 보였다. 감정이 머리부터 발끝으로 잔털처럼 비죽 튀어나왔다. 다시 말해보자면 보기 좋게는 알아보기 쉽게란 뜻이다.

"그럼 다들 들어가 보세요. 일 해결된 거잖아요."

효진은 제가 아닌 삼자들이 제 집을 두고 입에 오르락내리락하는 것이 마음에 썩 들지는 않지만 영화를 보고 바로 잠을 잘 계획이 일그러진 쪽이 더 거슬렸기에 서둘러 고개를 숙이며 엉성하게 배웅한다. 하지만 어정쩡하게 끼어버린 옷자락에 효진은 넘어질 듯 휘청였다. 힘이 잘 들어오지 않는 게 오늘 좀 무리해서 그런 모양이었다.

"너무 늦었으니까 짐을 저기 두고 방안에서 주무세요. 제가 많이 피곤해서 먼저 잘게요."

휘청거림은 멈추었지만 눈을 감으니, 몸이 한 바퀴 뒤집힌 듯 어지러움이 몰려왔다. 그 자리에 머리를 짚은 채 가만히 섰다. 약이라도 먹고 자야 하나 싶을 정도로 머리가 띵해지기까지 했다. 서둘러 약을 욱여넣은 채 흘러내릴 것 같은 몸을 끌어 소파로 걸어갔다. 뻑뻑한 눈을 비빈 채 소파에 축하고 늘어져 잠부터 청했다. 효진은 따뜻하고 푹신한 이불의 감각과 강하게 내려찍는 두통, 가슴에 무언가 깊게 푹 박히는 찝찝한 이물감, 진통제의 수면 효과에 파묻혀 눈을 감았다. 그 순간 의식이 검은 잠으로 빨려 들어갔다.

부엌 쪽에서 들리는 인기척에 천천히 눈을 껌뻑였다. 코를 맵도는 기소한 냄새에 몸을 일으키던 효진은 균형을 잃고 비척거렸다. 어제의 두통은 컨디션 난조로 인한 일시적 증상이었는지, 아무렇지 않게 오른손으로 얼굴을 가린 채 창을 바라보았다. 열린 커튼 사이로 색다른 풍경이 눈 안에 담겼다. 몸을 일으키며 앞을 멍하니 바라보았다. 전원이 꺼진 TV의 검은 브라운관에 그녀와 부엌의 낯선 여자가 함께 잡혔다. 순간 당황한 그녀는 기억을 가다듬어 지난 밤 일어난 일을 상기했다.

"아…… 아…… 그게…… 안녕히 주무셨어요?"

동거인의 첫 아침 인사를 받은 그녀는 다시 당황했다. 소란스러움을 견디지 못하고 제한 동거를 제안하기도 했지만 자신의 공간에 낯선 누군가가 들어오는 상황은 쉽게 적응할 수 없었다.

"…… 어…… 어…… 예……."

"어제 보던 영화 꺼졌던데…… 괜…….".

"괜찮아요. 어차피 다 봤던 거라."

커피는 드세요? 효진은 부엌으로 걸어가 커피 머신에 캡슐을 넣어 압출되는 소리를 들으며 찬장을 열었다.

"달달한 커피 좋아하세요?"

"다행이네요. 제가 단 거 싫어해서 많이 남아있어요. 그래도 유통기한은 지나지 않았어요."

그 여자가 말없이 미소를 지었고, 그녀의 상해버린 백금발은 특이하게 빛을 받자 반짝였다. 태양빛을 담은 볼우물을 바라보니 막연히 그녀의 무해함을 믿고 싶어졌다.

"그쪽은 이름이 어떻게 돼요?"

효진은 대답을 기다리며 애꿎은 커피 가루 덩어리를 손톱 끝으로 툭툭 건드렸다. 여자는 요리를 마치고 커다란 접시 두 개에 담은 요리를 식탁 위에 내려놓고 자리에 앉았다.

"김민아예요."

효진은 그 여자가 이름을 말하는 동안 여자의 얼굴 대신 백금발만을 바라보고 있었다. 힘없이 풀어진 머리카락 사이로 바람에 엮여 들어와 흔들렸다. 그 모습 위로 제가 아는 누군가의 모습이 겹쳐졌다. 오늘처럼 똑같은 테이블에, 똑같은 잔에, 똑같은 커피와 함께 완숙을 곁들인 토스트를 마주 보고 먹었던 날이 있었다. 슬그머니 토마토를 옆으로 빼놓는 모습까지…….

"저는 김효정이라고 합니다. 올해 스물여덟이에요."

"동갑이네요."

효진은 베이컨과 완숙 양상추를 올린 토스트를 한입 베어 물어 우물거리며 고개를 가볍게 주억였다.

"동갑끼리 서로 존대하는 거 싫으니까. 그냥 말 놔."

나도 놓을 거니까. 어중간한 태도가 그냥 당돌한 것보다 더 싫다고 생각하며 컵 너머 민아를 세세히 살폈다.

"그런데 어쩌다 여기로 온 거야?"

이 동거의 원인을 생각하며 가볍게 질문을 던졌다.

"취업이 되었거든. 지인이 추천해 준 직장이라서 말이야."

"그 직장이 뭐야?"

"횟집 직원"

"여기서 많이 먼 거리?"

"요즘에는 한적한 바닷가 앞 어디라도 카페가 생기는 판이니까. 횟집이라고 안 생길 이유가 없지."

효진은 자신이 가보았던 여러 횟집을 떠올려봤다. 노심의 고급 오마카세와 사위가 바다뿐인 한적한 바닷가와 합쳐보니 무언가 스파게티와 매운탕이 조합 같은 느낌이랄까.

"여기서 차로 15분쯤 거리에 있는 항구 횟집이야."

커피를 한 모금 마신 여자는 꽤 마음에 들었는지 커피를 쭉 들이켰다. 효진은 그녀의 그릇에 남아있는 뭉개진 토마토를 바라보며 입술을 샐쭉거렸다.

"앞으론 토마토 꼭 먹어. 건강에 좋아."

핸드폰에 저장된 오늘 일정을 보던 효진은 곤란한 표정을 지었다. 답지 않게 오늘 꼭 해야 할 일을 잊어버린 것이다. 한정판 무화과 티 세트 구매, 최근 들어 열매 맺는 생물에 대하여 재단에 높은 투자금을 들인다는 젊은 사업가의 비서와의 면담을 일상의 소란함으로 잊어버린 거였다. 효진은 사업가의 비서를 만나기 위해 집을 나서면서 엄마라는 스티커가 붙은 열쇠에서 스티커를 떼고 민아에게 건넸다.

"그럼 김효진 씨는 무화과에 관한 연구를 하고 싶다… 이런 말씀이신 겁니까?"

옷의 주머니에 달린 금빛 이름표가 웜톤 전등에서 반사되어 더욱 진하게 반짝거렸다. 황보예원. 네 글자가 박힌 이름표를 달고 있는 비서, 그녀는 여전히 딱딱한 표정으로 계획서를 세 장째에서 넘기지 않았다. 효진은 예원의 말에 긍정을 답하지만 시선은 이름표에서 그의 손 끄트머리에 가 있었다. 예쁘게 정리된 큐티클, 그 위로 덮인 네일이 어제 발린 듯 스침 없이 깔끔했다. 예원은 무겁게 다음 장을 넘기며 입을 꽉 깨물었다. 더 이상 페이지를 넘기는 소리조차 들리지 않고 고요했다. 불편한 침묵이 피어올랐다. 더 이상 대화가 이어지지 않는 것처럼 이 관계가 이어지지 않을 것임을 머리는 알고 있었다. 저를 향한 시선이 느껴지지 않았다. 그래서 그 묘한 긴장감과 힘이 빠지는 기분에 멍하니 창밖만을 바라보았다.

"그럼 질문 하나 하겠습니다. 김효진 씨는 무화과를 연구하고 싶은 이유가 뭐죠? 무수히 많은 과일 그중에서도 상업적 요소로 쓸 수 없는 과일인 데다, 접근도 어려운 데다 관리도 더욱 힘든 과일로 저는 알고 있는데?"

효진의 시선은 움직이지 않았다. 마치 사람이 있는 것 마냥 응시하고 있었다. 창 위로 서글서글한 인상의 비서가 눈웃음이 창문에 반사되어 눈에 들어왔다. 두툼한 눈 위의 살덩어리와 애교살이 겹쳐져 지어진 그 웃음은 눈과 그의 속셈을 가렸다.

"……그 질문은, 제가 답을 해주는 게 아니라, 어머니가 하셨던 일을 인정해 주기를 바라는, 그런 모양이네요?"

손가락으로 종이를 두들기는 마찰음이 들려왔다. 마치 재촉하라는 무언의 명령 같은 의미였을 것이다. 무엇이 저렇게 궁금할까. 저렇게 웃으면서 공손한 척 다 하지만 재촉하는 게 다 보일까. 효진은 비서의 눈꺼풀을 바라보았다. 엄마를 팔면서까지 돈을 받아낼 마음 따윈 없다. 그녀의 눈을 그렇게 말하고 있었다.

"이번에도 글렀네. 진짜 군부대와 협력이라도 해야 하나……. 무화과를 무기로 쓴다는 거 진심일 텐데."

직원에게 건네받은 무화과 티 세트를 멍하니 바라보았다. 마치 색연필로 색칠해 둔 서양 그림책에서나 볼 법한 무화과가 중앙에 그려진 스텐 재질의 티 세트가 반들만들거렸다. 인녕히 기세요. 중업원의 목소리와 함께 가게의 문을 열었다. 어깨에 통증이 느껴졌다. 문을 밀고 들어오는 사람이 있었던 것이다. 당겨야 한다며 궂은 충고를 건네기 전에 몸이 제 기능을 정지시켰다. 코가 아릴 정도로 짙고 익숙한 짙은 무화과 향을 깨고서 피어오르는 우드 향기를 맡자 얼굴의 핏기가 사라졌다.

그였다. 고개를 들지 않아도 눈꼬리를 매끈하게 올린 채 웃고 있을 그를 떠올리는 건 어렵지 않았다. 어떤 사람에겐 호의적인 미소로 다가오겠지만 그녀에겐 그다지 반갑지 않은 미소였다. 그녀는 눈을 질끈 감고 향기가 멀어지길 기도했다.

"여기요. 떨어뜨리셨어요."

다정한 목소리의 그림자가 그녀 앞으로 늘어져 있었다. 속으로 욕지기를 퍼부으며 숨을 가다듬은 후 티 세트를 잡은 손에 힘을 더 주어 봐도 꿈쩍도 하지 않았다.

"무화과는 아직 좋아하시나 봐요? 저도 여전히 무화과 좋아하는데."

그는 자신의 핸드폰을 아무렇지 않게 그녀의 앞에 내밀었다. 하얗게 점멸하는 화면에 숫자 아홉 자리와 특수기호 세 자리가 박혀 있었다. 그녀는 멍하니 화면을 바라보았다.

"뭐야…… 이거."

예상치 못한 말이었다. 몇 년 전까지만 해도 엄마와 그녀 자신 다음으로 그녀를 잘 알고 있는 그가 이를 언급하는 것이 왠지 다른 의미 같았다. 엄마를 아직 놓지 못하고, 장례식장에서와 변함이 없다고 넌지시 일러주는 것처럼.

귓가에 맴도는 새소리에 눈을 떴다. 아침이구나. 그녀는 기억을 더듬었다. 티 세트에서 떨어진 차 티백이 바닥에 굴러떨어져 바스락거리는 소리와, 진동하던 향기, 만나고 싶지 않았던 연인. 두 달 전 기억뿐 기억이 나지 않았다. 더 있었는데 뭐였더라.

차가운 손가락이 살풋 뺨에 닿았다. 따스한 햇살을 받고 있던 민아는 차가운 감촉에 천천히 눈을 떴다. 민아의 반짝이는 머리칼이 눈을 간질거리다 얄밉게 눈을 콕 찔렀다. 민아는 눈살을 찌푸리는 그녀의 머리칼을 쓰다듬었다.

"밥 먹어. 농장 간다면서. 간단하게라도 먹어야지. 그리고 어제 늦게 들어왔던데, 오늘은 일찍 와."

효진은 엄마에게 걸린 딸처럼 몸을 움찔거렸다. 어제는 정말로 최악이었다. 보고 싶지 않은 사람을 만난 탓에 젊은 투자자도 티백도 완전하게 가져오지 못했다. 차가운 기운에 몸을 부르르 떨며 식탁에 앉으며 민아가 시리얼에 우유를 부어주었다. 제법 입에 맞았다.

"맛있다. 농장에 하나 가져다 놓으면 좋겠네. 어디서 샀어?"

키보다 큰 풀숲을 헤치고 나아가며 문득 아침에 먹은 시리얼을 떠올리며 미소를 지었다. 대각선으로 베인 긴 풀을 랜턴으로 비춰가며 나아갔다. 중심부로 갈수록 식물의 모습은 뒤틀리고 점점 왜소해졌다. 효진의 키를 넘었던 식물은 그녀의 눈높이에서 허리높이, 발목의 높이보다 작아지더니 결국 풀포기조차 사라진 흙바닥이 펼쳐졌다. 그 가운데에는 한 그루의 나무가 덩그러니 서 있었다. 무화과나무였다.

한반도의 극심한 기후변화 이후 처음으로 태어난, 아니 정확하게 처음으로 발견된 개체였다. 그 일이 있은 이후 무화과는 모든 과수원 심지어 식물원에서도 찾아볼 수 없을 만치 싹이 말랐다. 사람이 인적이 있는 곳의 모든 무화과는 사라졌다. 반대로 말하면 무화과가 있는 곳은 사람이 거의 오지 않는 오지라는 말도 된다. 저나 정훈이 아니면 이곳에 올 사람은 없다고 봐도 무방했다. 무화과는 무슨 이유에서인가 주위의 열매가 열리는 나무를 모두 죽게 만들었다. 기후변화로 무화과에 어떤 변화가 일어난 것인지는 알 수 없지만 분명한 것은 무화과가 골칫덩이라는 사실이었다. 효진은 이 무화과를 죽이지 말고 변화시켜 보자고 주장했다.

누가 이 위험구역에 감히 들어올 것인가, 들판에 흔한 들쥐조차 이곳에선 자취를 감추었다. 이곳에 남은 것은 얼기설기 설치된 높은 펜스 사이를 날아다니는 날벌레뿐이었다. 이곳은 마치 시간이 멈춘 듯 보였다. 더운 공기에 가슴이 턱 막혔다.

그녀는 더 이상 성장하지 못하는 메마른 무화과를 바라보며 엄마의 말을 떠올렸다. 엄마는 나무가 자연에 있어야 가장 잘 자라날 수 있다고 했다. 하지만 효진은 자연에 있는 나무라도 무조건 잘 자라는 건 아니라고 중얼거렸다. 그녀에게 나무는 예민하고 까칠하여 손이 가는 그런 존재였다.

그녀는 가지 끝 이파리를 조심스레 뒤집으며 토양 상태를 체크했다. 육안으로는 독의 효능이 어느 정도일지, 인간에게도 어떤 영향을 미칠지, 어느 정도 미칠 수 있을지 알 수 없었다. 효진은 장갑에 틈이 벌어지지 않게 꼼꼼하게 점검했다. 혹시 모를 상황에 최선으로 지켜야 하는 것은 손가락이라고 할 수 있었다. 그 사실에 순간 손안에서 나야 할 바스락 소리가 들리지 않았음을 깨달았다. 목장갑에 흙이 묻어있으니 벗다가 소매 안으로 들어가지 않을까 천천히 장갑을 벗었다. 책상 위에 두 짝을 가지런히 모아 올려놓은 뒤 손을 두어 번 씻어낸다. 부드러운 수건으로 손을 문지르자 책상 위에 올려둔 핸드폰에 진동이 짧게 울렸다.

[너랑 같은 사람을 찾는 거야?]

시선이 교차되지는 않았지만, 그녀는 핸드폰으로 시선이 쏠렷다. 효진은 그 말에 민아의 다음 말을 기다렸다. 민아도 조용히 기다렸다. 그 둘 사이에는 파도가 치는 소리만이 들려왔다.

"……그러면?"

[찾았어.]

그 말을 끝으로 전화가 끝났다. 백민아. 최근 기록에 제일 위 칸에 차지한 사람. 불과 지금으로부터 두 달 전에 사귄 친구. 효진의 성격상 아무리 살을 부대끼고 살아도 이렇게 빨리 정들지 못하는 데 민아의 옆에서는 마치 익숙한 누군가가 옆에 있는 안정감이 어렴풋이 느껴졌다. 말을 끝까지 다 하지도 않고. 남을 생겨주는 건 좋아하는데 표현이 가끔 잘 전해지지 않는 것까지. 오늘도 중얼거린 말 하나까지 전부 기억하고.

[그럼 위치나 찍어 보내줘.]

어떻게든 되겠지. 애가 이 정도면 이 분야에 무뢰한도 아닐 것일 테고. 말이 통한다면 된 거겠지 라는 생각에 목장갑을 휴지통에 던져넣었다. 제가 보낸 문자 밑으로 새로운 메시지의 알람음이 떴다. 그런데 이거 뭐지. 택시에서 내리자 여느 인스타 카페 같은 건물이 횟집 대신 떡하니 있는 점. 제 눈앞에 있는 소개 대상이 아주 앳된 티가 물씬 풍기는 게 학생인 것. 게다가 눈이 아주 반짝반짝한 게 생기가 돋아있었다. 작은 눈에서 생기가 사람의 시선을 끌어당길 정도로. 에라이. 속으로 중얼거렸다. 차마 당사자 앞에서 어째서 나이가 이렇게 어린 사람을 데려왔는지 말하는 건. 예상과는 완전 정반대에 아찔함이 느껴져 저도 모르게 머리를 짚었다.

"안녕하세요! 민정훈입니다! 만나 뵙게 돼서 정말로 정말로 영광입니다!"

쿵하고 저음의 어눌한 표준어가 달팽이관을 묵직하게 내려찍었다. 정훈아 소리가 크다 눈치를 주듯 그의 어깨 위로 손을 얹은 민아가 방긋 웃었다.

"응. 소개해 준다는 사람이야. 올해 스물하나. 우리 횟집에서 알바하는 애."

들어온 지는 일 년 좀 넘었나. 넵. 일 년 이 개월째입니다. 이제는 나긋나긋한 목소리와 커다란 저음이 양쪽 달팽이관을 때렸다. 민아는 효진이 질문을 하기 전 반가움만을 어필한 문장에 우선 그에 대한 소개를 덧붙였다.

"얘가 뭔 도움이 되는 건데. 성인 된 지 얼마 안 된 놈을 데리고 뭐하라고."

그녀의 말에 민아가 어깨를 으쓱거리며 생각해 보라는 듯한 미소를 지었다. 아무래도 먼저 말을 꺼냈다가 이 어린놈한테 부탁이라는 강요를 받은 모양이었다. 그러게. 누가 이름부터 대라고 했나. 아니 그럴 줄은 몰랐지. 이쪽에서 들어본 이름이라곤 너랑 너희 어머니뿐인데. 이 상황을 만들어 두고 발을 빼는 모습에 어이가 없었다. 그렇다고 그 사람은 네가 찾던 사람이 아니야 라고 상황을 얼버무리기에 확실히 알아본 모양이었기에 효진은 한숨을 길게 내뱉었다.

"그…… 정한……?"

정훈입니다! 누님. 씩씩한 목소리에 되려 그녀의 기가 완전히 꺾였다. 그것도 팍 식어버림이었다. 그녀가 인상을 잔뜩 쓴 지은 채로 마른 세수를 거칠게 쓸어내렸다. 멋쩍은 듯 시선을 피하며 괜히 핸드폰을 만지작거렸다.

"그래 정훈아. 너 농장을 가본 적 있고?"

고개를 갸웃거리며 바라보는 정훈의 시선이 느껴졌다. 농장이라는 말에 눈에서 광선을 쏘아낸다.

"무화과가 대충 멸종되어 가는 건 너도 알고 있겠지."

몇몇 사람만이 알고 있겠지만 무화과나무가 죽어갈 때는 주위의 열매 맺는 식물을 전부 죽여 버리게 되지. 그것 때문에 함부로 죽일 수도 없고, 그렇다고 마냥 계속 자라게도 둘 수 없는 사정이고. 어느 쪽이든 귀찮잖아. 이기적인 데다. 극한의 자기방어적인 식물은. 그래서 사람들이 연구를 잘하지 않아. 지금쯤이면 무화과를 연구하는 사람은 손에 꼽을걸. 그래서 싼 값에 무화과 밭 하는 분한테 밭을 싸게 샀어. 거기야.

"그럼 무화과나무는 몇 그루나 있어요?"

한 그루. 단결한 답이라도 존재의 생존에 놀라워하는 듯 얼굴의 구멍이 다들 하나같이 커졌다. 방금 전 질문을 할 때조차 진지하게 표정을 지운다고 무뚝뚝하게 분위기를 잡으려는 듯 보이지만 그마저도 그저 일명 똥꼬집들과 개싸가지들이라는 연구진 사이에서 몇 년을 일해 본 효진은 아이가 약해보기 싫어하는 것처럼 보였다. 그리고 대답 하나하나에 꾸준히 해맑은 게 저렇게 감정이 눈에 쉽게 읽혔다.

"너 차는 있어?"

"네."

"지금 같이 한번 가볼래? 오늘 오전 알바?"

"……네, 오전 알비이긴 한데. 뒤에 약속이 잡혀서."

눈알을 데굴데굴 굴리는 소리가 들려왔다. 뒷목을 긁적이면서 멋쩍게 입 꼬리만 올려 모습이었다. 가고 싶지만 그 약속이란 게 만만치 않게 중요한 모양인 건가 고민하고 있었다.

"저…… 약속 마치면, 아니 약속 일찍 마치니깐, 일찍 끝내고 올 테니깐. 그때 같이 가면 안 될까요? 오늘 약속 잡은 형도 봐 주실 거예요. 누나 이름도 알고 있던데. 누나가 얼마나 똑똑한지 누구보다 잘 알고 있는 형이니까요."

순간 효진은 무언가 설명하기에는 복잡한 그런 느낌이 들었다. 제 이름을 듣고 한 번에 누구인지 알고 있는 사람이 있다. 제 속에서 곱씹어 다시금 생각해 보았다.

그럼 다녀올게요. 정훈의 말에 민아가 방긋 웃으며 손을 흔들어 줄 때까지도 곱씹었다. 작은 녹빛의 캐스퍼의 문을 덜컥 열고 앉으니 약간의 비린내와 약간의 향수 잔향이 풍겨왔다. 그래도 제 눈앞에서 치는 파도의 비릿함보다는 덜했다. 그 역함이 머리에 조금씩 스며 들어올 때 향수의 잔향이 머리에서 툭 비린내를 털어냈다. 열려있는 창문에서 물고기의 아가미 마냥 숨을 쉴 때 상쾌한 공기가 들어오고, 비린내와 향수가 내뱉어지는 숨과 함께 빠져나갔다.

끝없이 뻗어있는 해변도로를 내달리다 정훈이 굽어지는 핸들을 돌리며 말했다.

"누나. 누나는 어땠어요?"

"뭐가?"

"민아 박사님과 있었던 거요."

"좋았지, 좋고, 좋았어. 좋은 학자인 건 분명했는데, 좋은 엄마였는지는 잘 모르겠다."

뭘 해라, 저걸 해라. 그렇게 말해줄 만큼 관심이 많은 것도 아니었고, 간섭이 없는 것도 아니었지. 한번은 서운하기도 했는데. 나중에 되어보니까 아무렇지도 않아. 그냥 어릴 적부터 어른처럼 키웠다고 할까. 그냥 아이를 어떻게 키우는 건지 잘 몰랐던 어른인 거지. 연구쟁이가 아이에 대해서 뭘 알겠니.

"제가 뭐라고 하기는 그렇지만. 마냥 어디에 미친 연구자가 보통 사람이 아니란 건 잘 알겠어요."

그건 뭐라고 하는 게 아니라. 사실인 거지. 둘 다 동시에 피식 웃음이 터졌다. 효진은 밖을 멍하니 보다 백미러 속의 피식 웃는 정훈의 모습을 바라보았다.

"이제 알았다니……. 유감이네. 그럼 너는. 어쩌다 이 일을 하게 된 거야?"

"사람이… 가끔 모난 돌처럼 종잡을 수 없게 될 때 있잖아요. 그렇게 왔어요."

효진은 얼굴이 싸하게 식은 듯 조용하게 팔걸이만을 툭툭 두들겼다. 사실을 말하라는 듯 아예 바깥쪽으로 눈동자를 데굴 돌렸다.

"당연히 거짓말이죠. 저는 엄마가 과학자가 되는 모습을 보고 싶다고 하셨어요. 그래서 꿈이 없는데 흥미 있는 직업이 떡하니 기다리고 있는데. 어떤 사람이 망설이겠어요. 그런데 그 와중에 무화과가 멸종될 위기! 떡하니 주어진 난제가 있어서 이곳으로 왔어요. 아는 사람이 가르쳐줬거든요."

"내가 여기 있을 거라고?"

대답 대신 정훈은 고개를 끄덕였다.

"그러면 누나도 여기에 다시 온 이유가 따로 있지 않아요?"

"……."

"……."

"다 왔네. 여기야."

그녀의 말에 차가 천천히 멈추었다. 천천히 눈과 눈썹사이의 거리가 멀어졌다. 생각했던 것보다 규모가 큰 모양인지 당황한 기색과 신기한 기색이 가득했다. 그에 눈썹이 신난 강아지처럼 들썩들썩거렸다. 그녀는 평소보다 더 조심스럽고 천천히 터 두었던 길을 걸어갔다.

"여기는 너무 깊숙이 가지 마. 내 말 안 듣고 막 혼자 다녔다가 사라지는 건 내 잘못 아니니까."

몇 명 사라졌나 물어보고 싶은 얼굴인데. 똥고집 몇 명. 반짝거리며 주위를 둘러보다 그 말과 동시에 크게 푸드득 날아가는 소리와 함께 울려 퍼지는 까마귀 소리가 연구소 가득 퍼져나갔다. 정훈은 문뜩 미간을 팍 찌푸렸다.

"남은 무화과나무는 이렇게 향기가 짙어요?"

처음에는 마냥 오랜만에 맡아보는 냄새라서 그런가 생각했는데 지금 어느 쪽으로 가든 아까 무화과나무가 있는 쪽에서 계속 나요. 그래서 그런가 자꾸 그쪽으로 불쾌하게 신경이 쓰이는 그런 느낌이랄까…… 그렇다고 설명하기는 느낌만 찝찝한… 그래요.

사람의 감이란 것은 쉽게 무시하지 못한다. 아무리 무딘 사람이라 할지라도 어느 부분에서는 날이 서기 마련이다. 심장이 빠르게 요동치며 손끝이 푸르르 떨리며 달아오르는 게 전해졌다. 연구소 밖을 박차고 뛰쳐나갔다. 왜냐고 물어도 정말 그녀 본인이 반사적으로 내달린 것이라고 설명할 수밖에 없었다.

"누나! 저기 누나!"

저 멀리서 그녀의 뒤를 따라 달려온 정훈이 멈춰 선 효진의 어깨를 붙잡으며 따지듯 그녀를 불렀다. 곧고 무너지지 않을 것 같던 그녀의 등이 무너졌다. 그 앞으로 보이는 광경에 정훈이 얼굴이 창백해졌다.

그도 그 순간 아무 생각 없이 지금 상황이 인식이 잘되지 않아 바라만 보았다. 털썩 주저앉은 그녀만을 불러보며 지금 이게 맞는 건지 힘없는 탄식을 내질렀다.

무화과나무는 그 자리 그대로 서 있었지만 무화과나무가 만들어 낸 제 자식들은 완전하게 자라기 전에 제 배가 갈라져 있었다. 누군가 칼로 베어낸 듯 깔끔하게 갈라져 내용물이 스치는 바람에 왈칵 쏟아져 나왔다. 멀쩡한 무화과는 바닥에 떨어져 아예 무화과라고 볼 수 없을 정도로 짓이겨져 있었다. 그 위에 텅 빈 눈물샘에서 떨어진 공기가 조용하게 내려앉았다.

늦은 밤. 켜져 있는 불도, 걸어 다니는 사람도 몇 없는 시간이었다. 빗소리만이 가득하던 심야에 저 멀리서 엔진음이 서서히 밀려들어 왔다. 곧이어 저 멀리서 라이트를 뿜어내는 차량 한 대가 주차장 안으로 들어오지 않고 상가 앞에서 멈춰 섰다. 라이트가 꺼지자 차 문 쪽에서 흰 우산이 팍 펴졌다. 민아는 차량에서 내린 사람을 가만히 내려다보았다. 흰색 우산이 천천히 아파트 건물로 들어왔다. 그 사람은 검은 슬랙스에 긴 카디건 차림의 남자였다. 또한 지금 방문 앞에서 문을 똑똑 두드리는 남자이기도 했다.

민아가 조심스레 문을 열면서 상대의 눈을 빤히 바라보았다. 그 지수는 효진에게 늘은 사람 좋은 웃음을 싯지 않고 있었나. 그도 민아처럼 그녀의 눈을 빤히 쳐다보며 말을 이었다.

"효진이 집에 있나요?"

"죄송해요. 저도 잘 몰라요. 효진이가 저한테도 오늘 많이 늦는다고만 말해서요."

"그럼 이것 좀 전달해 줄래요? 얼마 전에 만났는데 실수를 저질러서……. 그리고 효진이는 저를 아직 만나고 싶지 않은 것 같거든요."

네가 걱정되기는 하나 보다. 좋은 사람이야. 종이 가방을 탁자 위에 올리고, 냉장고를 천천히 열면서 그녀가 한 말이었다. 아…… 최악이네. 그녀가 짜증과 인내심의 한계 그 이상을 느낀 건지 천천히 일어났다. 항상 윤지수를 보고 난 뒤라면 어떤 상황이라도 금방 몸을 씻어내는 버릇을 민아는 어렴풋이 알고 있었다.

옷을 한겹 한겹 벗는 것이 그리 어려운 일이 아니지만 오늘따라 옷이 힘겹게 벗겨졌다. 효진은 화장실 바닥에 힘없이 주저앉았다. 지금의 그녀는 그저 서 있는 것조차 무리였다. 밀어치는 해일의 파도를 그저 인간의 몸 하나로 받아내는 것은 개미가 사람의 무게를 버텨내는 것과 동일한 것이다.

샤워부스의 벽면에 삼 일 장을 치른 당시의 그녀가 비쳤다. 그 옆에는 그녀를 품에 안고 토닥여 주는 지수가, 흰 국화와 향이 아른거렸다. 밀려온다는 게 이런 느낌일까. 몸에 힘을 주어도 쏟아지는 무수한 것들에 힘을 주고 있지 않다고 망각하게 되는 느낌. 크게 숨을 들이마신다. 내쉬는 숨이 도중에 들리는 심장처럼 튀어나왔다. 조금 뜨겁게 달아오른 몸에 전기가 통하듯 손가락 끝이 파르르 떨렸다.

거실로 나온 효진은 더욱 복잡함으로 꽉 찬 마음이었다. 씻을 때 온갖 생각이 들었다. 아직 일어나지 않은 일까지 생각하니 아찔했다. 장례식에서 다녀온 뒤로 더욱 걸걸해진 목소리가 돌아오지 않은 것처럼 그도 다시 돌아올 것이라 생각되니, 그런 상황에서 그녀 자신은 무너질 수밖에 없고, 되지도 않게 민아의 반응까지 신경이 쓰였다. 도와주다가 질려서 떠나거나, 신념을 매번 입 밖으로 내뱉지만 한순간 무너뜨리는 모습에 떠나거나. 뜨거운 물방울이 땀을 타고 주르륵 흘렀다. 물에 젖어 축 처진 머리카락이 보송하게 말라가도 거울 속에 비치는 그녀의 모습은 물에 축 처진 얼굴이었다.

"내일은 나랑 같이 있을래?"

핸드폰을 보던 민아가 덮고 나서 그녀에게 질문을 건넸다.

"어디에?"

"내가 일하는 곳. 새싹수산."

"싹싹 아니었어? 저번에 택시 기사님이 싹싹수산이라던데."

"싹싹…… 싹싹이 뭐야. 그래서 갈 거야?"

그래……. 못 갈 것도 없지. 잘 때 불 끄고 가. 잘 자고. 효진이 힘겹게 푸스스 웃으며 제 나름대로 개그랍시고 툭 던지고서 쇼파에 자연스레 누웠다. 허술하게 다리 위에 이불이 완전히 덮이지도 않았고 무엇보다 핸드폰이 식탁 위에 놓여져 있는 게 피로감이 극에 달한 게 분명했다. 민아는 효진의 이마를 천천히 어루만져 주었다. 내일의 아침이 평소와 같은 아침이 되길. 핸드폰을 베개에 손을 넣을 때 잡히는 위치로, 이불은 완전히 감싸질 정도로 덮어주고 거실의 불을 끄고 효진이 몸을 세우는 것을 보고서야 방 안에 들어갔다.

아아아…. 그녀의 목소리가 선풍기 안에서 갈려 나가며 빠져나가지 않고 계속해서 돌아갔다. 여전히 무더운 팔월이었다. 곧 구월인데도 더위는 가실 줄 몰랐다. 검은 피도가 의자 위로 몸을 뒤집은 그녀의 시선에 들어온다. 이 횟집의 불이 아니었다면 정말 칠흑 그 자체였을 것이다. 인적 하나 없는 항구였겠지. 무더운 와중에 마신 술에 몸이 더 홧홧했다. 가장 마지막으로 온 바다와는 딴판이었다.

그때 보았던 바다는 푸르고 시원하게 뚫려있어 저 멀리 지평선까지 한눈에 가득 들어왔다. 시원하게 뻗어 구름 한 점 없는 새파란 하늘, 쉴 새 없이 이는 파도, 그 위를 날아다니는 새하얀 갈매기. 그리고 얼기설기 만든 바스켓. 발을 에워싼 고운 모래. 사락거리는 노란 꽃무늬 원피스. 바스러지는 모래성. 초록과 흰색이 격자무늬를 이루는 돗자리. 달콤한 무화과 파이. 그때도 짠 내 가득한 바람이 머리를 헝클이며 지나가던 건 똑같았다.

벌써 계절이 바뀌었다는 것이 실감 났다. 잠금화면의 초가 빠르게 증가하고 있었다. 십 분 뒤 날짜가 바뀌어 달이 바뀐다는 것이 느껴졌다. 효진은 매운탕을 한입 먹고 의자 뒤로 몸을 넘긴 채로 다리를 초에 맞춰 까딱거렸다. 검은 바닷가의 파도 부수어지는 소리가 들려왔다. 예전에는 고통이라는 것이 있다면 끝이 있을 것이라 생각했다. 하지만 몇 년의 세월은 몸으로 통각시켜 주었다. 절반만 맞았다고. 고통은 존재했지만 끝이 존재하지 않았다. 그저 사람은 한평생 계속 무뎌져 가며 살아가는 것이다. 생각만 해도 기운이 빠지는 현실이었다.

정훈은 효진에게 건내 받은 자료를 집중한 듯 입술을 쭉 내민 채로 시선을 떨어뜨릴 생각을 하지 않았다. 그의 손에는 종이 더미가 사락거렸다. 스테이플러로 찍히지 않고, 적어도 집게로 묶여있지 않은 미완성임이 눈에 훤히 보이는 것이다. 정훈은 그것을 그닥 신경 쓰지 않은 듯 보였다. 되려 날아가 버릴까 꽉 잡고, 구겨져 버릴까 손에 힘을 살며시 빼고 있었다. 지난번 아무 생각 없이 핸드폰과 차 키, 지갑만 바지 주머니에 쑤셔 넣었기에 그것 외에는 손에 든 것이 없었다. 그래서일까 효진의 얼굴을 바라보던 정훈의 표정 또한 반짝거렸지만 아쉬움이 옅게 아른거렸다. 그것을 효진이 눈치채지 못할 만큼 정훈이 감정을 잘 감추지 못하는 편이기도 했고, 효진도 그 점에서 아차 했기에, 지나가는 말로 다음을 기약한다면 미완성이라도 보여 주겠노라 흘렸다. 그렇게 효진이 아무렇지 않게 던지듯 쥐어 준 서류였다.

처음에는 서류가 정말로 A4용지들의 더미이기에 서류에 정리해 둔 파일이 없냐고 넌지시 물어보았지만. 그건 정리가 더 안 되어있어. 농장. 봤으면 알 거 아냐? 그 말에 입을 합 다물고선 여태 저 모양이었다. 열중해서 집중하는 정훈의 모습을 가만히 바라보았다. 다시금 종이를 넘기는 소리가 들려왔다. 방금 전 넘어간 서류는 과연 그녀가 찾아낸 것일까. 순수한 의문이 들었다. 그의 의문은 거기의 지분의 반 정도도 찾아내지 못했다는 꽤나 아픈 결론으로 점을 찍었다. 곧 씁쓸함과 허망함, 다행이라는 감정이 온몸으로 퍼져나갔다. 후덥지근한 열감까지 속에서 날뛰고 있음을 느꼈다. 앞에 놓인 잔을 넘겼다. 시원한 술이 목을 타고 들어갔지만 나오는 날숨은 뜨거웠다.

"아!"

효진이 제 뺨을 무의식적으로 감쌌다. 얼굴을 감싼 손에 바스락 소리가 들렸다. 손에 힘을 주어 쥐어보려다 뭉글거리는 것에 힘이 쭉 빠졌다. 머리 위에서 히히 아이 같은 웃음소리와 백금발의 끄트머리가 아른거렸다.

"배부른 것 같길래."

날카로운 눈매를 섞어 웃음을 지으니 평소의 인상이 싹 바뀌었다. 민아가 손이 시려운지 아이스크림을 손에 쥐어주며 자리에 앉았다. 아니야 맞아. 나 배불러. 효진이 망설임 없이 아이스크림 포장을 뜯었다. 녹았다가 다시 얼었는지 아이스크림 표면에 옅은 서리가 껴있었다. 파삭거리며 한순간에 사라져 버리는 서리의 시원함을 만끽했다. 더운 날씨에 직빵인 것은 에어컨이나 선풍기. 그런 것보다 아이스크림인 게 그녀의 정론이었다. 조금 녹은 아이스크림을 베어 물었다. 딸기맛 색소가 달콤했다. 맛을 음미하고 나서 아이스크림 덩어리는 목구멍을 타고 몸 안으로 들어가 텁텁한 더위가 한걸음 물러서게 만들었다. 이마에 송글송글 맺혔던 땀이 어느샌가 사라지고 정신도 보다 또렷해졌다.

"오늘 하루 쉬는 거 어땠어?"

"솔직하게?"

검은 파도 위로 새파란 하늘의 아침이 퍼져나갔다. 더 이상 아무 색을 띠지 않을 것만 같던 바다에 차가운 가을이 뒤덮는다. 아무도 없는 해안도로는 자동차의 몇 안 되는 소리만으로 가득 찼다.

좋았지. 내가 봤던 바다와는 완전히 달랐지만. 이제 와서 대답하는 거야? 민아가 해사하게 웃으며 한 손으로 스무스하게 핸들을 옆으로 틀었다. 지금 새벽이니까 빨리 자야겠다.

늦여름의 일찍이 떠오른 태양빛이 아무리 효진의 눈매를 쏘아대어도 일어난 기색 하나 없었다. 그녀의 가슴이 천천히 팽창했다 수축하기를 반복했다. 고요하고 아무 향도 나지 않게 그녀가 더더욱 과거로 빠져들게 만들었다. 지독하게 평화로웠다. 소음이 없는 것이 마냥 아무것도 없는 것처럼 느껴지지 않는 것처럼. 하지만 기분은 꽤나 좋았다. 눈을 끔뻑거리자 밥 냄새가 어렴풋이 느껴졌지만 인기척은 느껴지지 않았다. 오늘 일찍감치 출근한다는 민아의 말이 머리를 탁 스쳐 지나갔다. 그래 그랬지. 이른 출근이라고 해 봤자 이정도 밥 냄새라면 한참 전일 것이었다.

3시를 가리키는 시계에 그저 가만히 된장국에 밥을 말아 천천히 씹어먹었다. 지금쯤이면 정훈이 도착해 있을 시간이었다. 앱에서 근처에 있는 택시의 정보를 확인한 뒤 문을 닫고서 집을 나섰다. 8분이라는 시간에 천천히 계단을 내려갔다.
"감사합니다."
저 멀리 사라지는 택시의 엔진음을 멍하니 바라보니 차갑고 짠 바닷바람이 얼굴에 강하게 스쳤다. 매번 들어오던 쪽이 아닌 것을 깨달았다. 전선이 간간이 연결되어져 있는 쪽으로 발걸음을 옮겼다. 정리가 잘 되지 않았지만 이전에 뿌려둔 무화과즙 때문인지 자라는 속도가 더딘 듯 그녀의 발걸음 속도만큼이나 키가 작았다. 제 앞의 시야가 아주 잘 확보된 최적의 길이었다. 저 멀리 창고가 더 뒤쪽에는 연구소가 시야에 들어왔다.
창고의 문을 열자 탁한 공기가 뿜어져 왔다. 몇 번의 잔기침으로 그녀가 찌푸렸다. 햇살에 반짝이는 먼지가 부유하고 있을 게 분명했다. 그녀는 사실이 나자마자 거침없이 작은 창문을 열어젖혔다. 손끝에 아슬하게 닿던 문틈은 몇 번의 마찰 끝에 드르륵 열렸다. 이곳에 마지막으로 발을 들인 게 엄마의 죽음 이전이었으니 먼지가 쌓일법했다. 벽면에는 빛바랜 커다란 과학 포스터가 붙어있었다. 무화과의 생과 수정 과정을 정리해 둔 포스터였다. 가만히 다가가 포스터의 양 끝에 붙어 고정하던 스티커를 떼어 내어 돌돌 말았다. 무화과 조각상, 무화과가 그려진 찻잔, 스카프. 무화과로 가득 찬 이 공간은 그녀의 엄마의 최고의 공간이었다. 그와 동시에 효진에게는 가장 오랫동안 사리 깊은 기억의 공간이기도 했다. 하지만 공간은 기억을 오랫동안 함께했다고 해도 용도에 따라, 사람에 따라 어떠한 공간이 되느냐가 결정된다. 그녀에게는 그저 엄마와 함께한 좋은 공간, 하지만 이제는 잊어버려야 할 가장 큰 난제였다. 효진은 제 품에 안은 포스터를 꽉 껴안고 정훈이 있는, 이제는 김민아의 딸인 김효진이 아닌. 성장한 그녀로 존재하는 곳으로 난 문손잡이를 잡고서 돌렸다. 제 몸을 그 작은 창고 안에서 끄집어내고서야 보인다. 그곳은 그저 과거였다. 다시금 풍기는 무화과 향에 다시금 창고를 들여다보았다. 하지만 미련 없이 문이 잠겼다.

샘플을 정리하던 정훈이 효진 쪽으로 고개를 슬그머니 들었다. 꽤나 뻐근한지 앓는 소리가 들려왔다. 효진은 정훈 쪽으로 시선을 두지 않고 책상 위에 포스터를 올려두고선 책상 위에 올려진 무화과꽃 열매 표피가 담긴 패트리 접시를 옆으로 밀어 넣었다. 몇 달 동안이나 담겨있던 것은 여전히 제 모습 그대로였다. 패트리 접시 속 무화과 표피를 빤히 보고 있으니 정훈의 목소리가 들려왔다.

"효진 누나는 무화과에 뭐 있으세요?"

연구에 비해서 돌아오는 게 거의 없으니까요. 이럴 땐 무언가 연관이 깊게 되어있거나, 깊게 빠져 있는 마니아거나. 그런데 제가 보고 있는 누나는 전자 쪽일 테니까요. 그럼 제가 그쪽에 관심 있는 형 소개해 줄까요? 돈 좀 있는 형이에요. 그리고 3년 전에 연인과 헤어진 이유로 누구도 만나지 않았어요. 정훈이 시리얼을 우유 없이 와그작 씹어먹으며 진지한 얼굴로 말한다.

미니 냉장고에서 500미리짜리 우유를 꺼내 정훈의 앞으로 들이밀었다. 정훈은 힐끔 효진을 바라보더니 우유를 그릇의 반 정도 부으며 계속 우물거렸다. 우유가 그릇 안에서 시리얼을 만나면서 녹는 소리가 약하게 들려왔다. 사르르 녹는다는 표현이 가장 적당할 것이다.

"계속 피하면 누나만 힘들 걸요?"

"알아."

이번에는 그의 말에 인정하듯 답을 했다. 그래도 네 아는 형 소개 안

해줘도 돼. 그녀는 눈꼬리를 조금 휘었다. 거절의 의미가 처음과 다르게 안정적인 형태를 띤다.

그녀가 핸드폰으로 농장의 위치를 찍어 보내주었다. 혹시나 잊어버린 건 아닌 모양일까 하는 마음이었다. 아무도 없는 어두컴컴한 도로는 조용했다. 그 도로 위를 그녀의 타자 소리가 달려 나갔다. 하지만 5차선이라는 제법 대로인 곳이기에 스무 걸음을 걸으면 꽤 최신식 가로등이 길거리를 비추었다. 오직 한 사람을 위해서. 효진은은 도롯가에 기대어 가만히 제 발을 아스팔트 도로에 톡톡 물장구치듯 가볍게 두드렸다.
[나 좀 늦을 것 같아.]
[다른 사람한테 부탁해 뒀어. 조심히 들어와.]
손안에 들려있던 핸드폰이 커졌다. 민아의 메시지를 여러 번 되뇌었다. 다시 바라봐도 무엇인지 감도 잡히지 않는 문자였기에 순간 화면이 새하얗게 변하기 전까지 뚫어져라 바라보았다. 경적 소리 대신 조용하지만 눈부신 자동차 라이트가 그녀 앞에 가만히 서 있었다. 천천히 라이트가 꺼져갔다. 차 내부의 옅은 불빛과 가로등으로 그 안이 보였다. 그 안의 모든 것이 가만히 상대방만을 쳐다보았다. 그 안에는 머리를 검게 물들인 윤지수가 앉아있었다. 그녀는 지난번과는 다르게 피하고 싶은 맘도 있었지만 조금 더 감정이 고요해졌음을 느낄 수 있었다. 지금 그녀가 느끼고 있는 건 몸 안에서 울리는 심장 소리가 아닌 풀벌레 소리였으니. 그저 발을 천천히 통통거리며 가만히 앉아서 저 멀리 도로의 끝일 지점을 바라보았다.
그래. 효진 본인도 잘 알고 있다. 윤지수가 미운 건 아니었고, 싫은 것도 아니었다. 되려 그쪽에서 더 효진을 싫어할 것이다. 그것을 잘 알고 있었기에 효진은 가만히 지수의 반응을 기다렸다. 하지만 아직 완전하게 기억이 덮어지지 않는 것처럼 그에 대한 기억과 감정들도 여전히 남아있었다. 3년 5개월의 관계는 서로 너무 많은 것을 주고받았기에 어쩌면 당연한 것이었다.

한번 길게 진동이 울렸다가 다시 쉬었다 진동하는 패턴 반복. 전화였다. 010으로 시작하는 연락처에 저장되지 않은 전번. 하지만 너무나도 익숙한 전화번호에 하늘을 한번 보고 수신 승인 쪽으로 밀었다.

[⋯⋯효진아 잘 지냈어?]

"너는?"

[항상 똑같지. 그런데 넌 아니더라?]

"차는 잘 마셨어. 처음 마셔본 거거든."

너도 알잖아. 나 무화과 안 좋아하는 거. 그래 넌 그 말처럼 하나도 안 변했더라. 젊은 사업가 그거 너잖아. 그걸 이제야 알았냐는 듯이 전화 너머로 차분한 웃음소리가 들려왔다. 응. 알지.

그 익숙한 웃음소리. 그것에 매번 가슴 언저리에 박힌 채 고통을 동반하던 벌의 일침이 내 안으로 깊숙이 묻히는 듯했다. 그 침이 애초부터 몸에 일부가 되어버린 것 같았다. 손으로 살살 문지르면서 내려다본 가슴팍에는 새카만 이물질이 생긴 것처럼 음양이 져 있었다. 마치 커피 얼룩처럼 보이는 그림자에도 아무렇지 않은 듯 다시금 전화에 집중했다.

"무화과가 어떻게 만들어지는지 알아?"

보통 식물들과 다르게 꽃이 열매 안에 있지. 무화과는 특별한 맛을 가지고 있고 그걸 얻기 위해서 벌이 진화하고, 그 벌만이 그 속에 기어

들어 가서 수정 과정을 이루고 죽어. 왜냐? 그 벌은 그 좁은 무화과 열매 안을 통과하면서, 몸이 대부분 망가져 버려. 그래서인데 그 벌들은 침이 특히 더 아플 거야. 자신이 변화하고 죽어가면서까지 무화과를 만들어 주니까 심술이 나 같아도 날 것 같거든. 아… 그렇게 보니까 우리랑 닮았네. 너도. 나도 성격이 유한 편은 솔직히 아니잖아?

[심술궂은 건 맞는 것 같아. 그렇게 매정하게 버리고 간 걸 보니.]

"그 정도야?"

그렇지만. 너도 그렇잖아. 그 말에 전보다는 길지만 가벼운 웃음이 동시에 서로의 핸드폰에서 들려왔다.

[이제 집에 가자. 너무 늦었잖아. 민아 씨가 기다릴 거야.]

그리고 너 추운 거 싫어하잖아. 빨리 타. 끊어진 전화와는 다르게 이전과는 다른, 무언가 다시 연결된 느낌이었다. 효진은 검은 파도 속에서 피어나는 메밀꽃처럼 파스스 웃으며 차 문을 열었다.

"너무 잘 알아서 문제네. 변명이라 해도 통하지도 않고. 그렇지?"

응. 짧은 대답에도, 그 뒤로 이어진 고요함도 어느 쪽도 불편하지는 않았다. 3년 후에 둘이 만나고 가진 대화 중에서 가장 안정적이고, 어쩌면 3년 전 가진 관계보다 알맞은 관계를 찾아낸 듯한 분위기를 짜냈다. 하지만 어느 쪽이든 여전히 응어리가 남아있었다. 효진은 본인이 피하고 있던 것들이 제 가슴속에 깊이 박혀버린 느낌 이 아직 낯설었다. 하지만 그 벌어진 상처에서 편안함이 되러 뿜이져 나왔다.

눈을 끔뻑이며 다시금 영화의 재생 버튼을 눌렀다. 민아가 그녀에게 기대어 새근거렸다. 효진도 그녀의 머리에 제 머리를 툭하고 내려놓았다. 간질거리는 감각이 온 피부에 가득 닿아오는 느낌이었지만 이전과는 다르게 그 감각이 아무렇지 않게 느껴졌다. 두 달 전에 보았던 장면이 다시금 재생되었다. 이전 갈라지다 만 소리는 설익은 무화과에서 난 것이었다. 영화가 이전 기억을 되살리기 위해 다시 시작된 것처럼 잠시 로딩이 걸렸다. 하지만 곧 아무 일 아니라는 듯이 재생되었다. 화면에는 더 이상 설익은 무화과가 아닌 아주 짙고 푸르게 익어버린 무화과가 드리워져 있었다.

작가의 말

추정연

등장인물

지민

남자　　지민의 소설 속 주인공으로,
　　　　담당자와 지민의 일기 속 엄마를 연기한다.

여자　　지민의 소설 속 주인공으로,
　　　　소라와 지민의 일기 속 지민을 연기한다.

시간

현재, 10월. 낮

공간

지민의 집 안

무대

무대의 상수에는 지민의 침대가, 하수에는 책이 가득 꼽힌 책장이 자리하고 있다. 두꺼운 지민의 일기장은 책장의 가장 밑에 보인다. 책장 옆에 노트북이 올려진 책상에는 지민이, 무대의 중앙에 놓인 탁자에는 여자와 남자가 앉아 있다.

주변은 어둡고 무대에는 책 한 권이 조명을 받고 있다.
지민의 목소리가 흘러나온다.

지민   어릴 적부터 수많은 사람들의 소설을 읽으며 자라온 나로서는 누군가에게 나와 같은 이 기쁨을 나누고 싶다는 생각이 든 것은 자연스러운 일이었을 지도 모른다. 그렇지만 내게 소설을 쓴다는 건 어려운 일이었다. 글을 쓰면서 마주친 수많은 내가 두려워 글쓰기가 힘들었던 적도 많았다. 그렇기에 나는 내 인생과 닮았던 이 소설을 꼭 완성 시키고 싶었다.

#지민의 집
지민, 무대 끝으로 이동해 컴퓨터가 놓인 작업실 책상에 앉는다.

지민   그럼, 이야기를 시작할까요?

무대 조명이 바뀌며 뒤이어 타자 소리와 함께 말소리가 이어진다.

지민   환상통, phantom pain.
        의사들도 원인을 모르고, 약조차 없는, 과거 기초 적인 의학 지식마저 보급되지 않고 있던 시절만 해도 주변 사람들은 모두 꾀병 아니냐고 의심하는 경우가 많았다. 때문에, 당시 환자들은 환장할 노릇이라고 환장통이라는 속어로 부르기도 했다.

이것이 환상통에 대한 몇 없는 기록이다.

지민의 대사가 이어지는 동안, 이야기 속 등장인물, 무대 중간으로 향한다.
이들은 마주 보고 앉아 있다.
남자, 약 봉투를 멍하니 바라보고 있고 여자는 그런 그의 모습을 빤히 바라보고 있다.

지민　(무대 중앙을 한번 바라보고선) 병원을 다녀온 이후로 그의 집에는 고요한 정적만이 흘렀다. 얼마나 조용했는지, 윗집 아이들이 시끄럽게 뛰어다니는 소리, 옆집 부부가 대화하는 소리, 그의 집안은 타인들의 소리로 가득했다.

지민의 대사에 맞추어 효과음이 들려온다. 아이들이 시끄럽게 뛰어다니는 소리, 옆집 부부가 싸우는 소리.
'취사가 완료되었습니다.'라는 효과음이 들려온다.

지민　한참을 가만히 앉아 있던 그를 일으키게 한 것은 다름 아닌 저녁 시간을 알리는 밥솥의 소리였다. 그제야 그는 멍하니 약 봉투를 바라보기를 그만두고 부엌으로 향했다.

남자　저녁으로 뭐 먹고 싶은 거라도 있어?

여자, 아무 말 없이 남자를 바라보며 미소 짓는다.

남자	계란말이, 괜찮지?
지민	그 역시도 그녀의 침묵에 익숙해진 듯했다. 그리고 그는,

남자	나 이제 계란말이 터지지 않게 잘한다? 분명 맛도 있을 거야.

지민	라고 말했다. 몇 년 전 까지만 해도 항상 옆구리가 터져있는 계란말이를 내놓았던 그였기에, 그의 얼굴에는 어느샌가 미소가 지어졌다. 어딘가 슬픔이 숨어있는 미소였지만, 그래도 아까보다 훨씬 좋아진 표정이다. 그는 이렇게 말했다.

들려오던 타자 소리가 갑자기 끊긴다.
타자와 지민의 대사에 맞추어 대사를 하려고 준비하던 남자, 이어지지 않는 지민의 말소리에 이상하다는 듯 지민을 바라본다.

지민	이렇게……. 말했다……. 말했다.

이야기가 진전되지 않고 마지막 문장만 반복되자, 답답했던 남자, 자리를 박차고 일어선다.
여자 역시도 지민을 향해 몸을 돌리고 있었다.

남자	또 끝이야, 여기서? 오늘은 반도 못 했잖아. (답답하다는 듯) 아니, 시간이 지날수록 더 늘어야 하는 거 아니야? 나도 세상 밖으로 나가서 내 이야기를 얼른 말해주고 싶단 말이야. (관객석을 바라보며) 아아, 제 이야기가 들리시나요?

	(다시 지민을 바라보고 투정 부리듯) 아, 올해 안에는 할 수 있는 거냐고······.

여자 조금만 더 기다려 보자. 오늘 목표는 첫 장 끝내기. 자, 얼른 다시 시작하자.

지민 ······ 알았어, 그럼 이건 지우고. 무슨 말을 하면 좋까······. 근데 지금 되게 배고프다······.

남자 (자기의 의도와 상관없는 말) 사탕이라도 먹고 싶어.

남자, 놀란 듯 지민을 바라본다.
지민, 남자와 눈이 마주치고 다급하게 다시 작성한 글을 지운다.

지민 ······미안, 이건 내 바람이었어······. 아, 그렇지만, 진짜 못 쓰겠단 말이야···.
   내가 적어도 30분에는 나가야 하니까, 몇 분 남았더라······.
   (시계 쪽으로 고개를 돌렸다)······. 아 잠시만, 늦었다······!!

지민, 급하게 짐을 챙겨 나간다. 남자와 여자 급하게 나가는 지민을 낭황스럽다는 듯 바라본다.

암전.

#편집실

무대 밝아지고 담당자, 지민과 마주 보고 앉아 있다. 책상에 펼쳐진 종이 뭉치들.

담당자   작가님 글을 읽으면 항상 이제 뭔가 시작되겠다, 싶으면 파일이 끝나 있더라고요. 방금 보내주신 　글도 그래요. 오늘도 여기서 끝인 거죠?

지민   (한숨) 네. 그렇게 되었네요.

담당자   그럼, 지금껏 완결지은 글이 하나도 없는 거예요? 나쯤은 있을 거 아녜요. 글이 이렇게나 많은데. (종이 뭉치들을 획획 넘겨본다.)

지민   네. 그러니까 지금껏 책 한 권도 못 내고 이렇게……. 저도 뭐가 문젠지 잘 모르겠어요. 글을 쓰다 보면 갑자기 어느 순간 딱, 하고 막혀 버린다니까요.

담당자   그리고, 작가님 글들은 갈등이 다 너무 약해요. 아, 물론 그게 작가님만의 색깔이 될 수도 있는 거지만요.

지민   그런가요.

담당자   그럼 우리 이렇게 해요. 다음 달까지 이 많은 작품 중 하나는 꼭 완결을 내기로. 어때요? 차근차근 하나씩 해 보는 거죠. 음. (종이 뭉치들을 넘기다가 하나를 내밀었다) 전 이 중에서는 오늘 보내주신 이 이야기가 좋을 거 같다고 생각해요. 죽은 여자와 그 여자를 잊지 못하고 환상 속 그녀를 만들어 살아가는 남자라니! 분명 멋진 이야기가 탄생할 거예요.

지민　　정말 제가 완결을 낼 수 있을까요…….

담당자　네, 작가님은 할 수 있어요. 그러니까, 어깨도 좀 펴시고요. 할 수 있다고 믿으면 정말로 할 수 있답니다. 분명 완성할 수 있을 거라 저는 믿어요.
　　　　그럼 오늘은 이만하고 갈까요?

지민　　네, 감사합니다, 담당자님. 그럼 나중에 다시 연락드릴게요.

담당자 퇴장.
지민, 담당자의 뒷모습을 바라보다 한숨을 한번 쉰다.

#지민의 집
가방을 들고 무대 중앙에서 디덜터덜 걸어 들어와 다시 책상에 앉는다.
무대 중앙에는 다시 남자와 여자가 앉아 있다.

지민　　(가방 속 컴퓨터를 꺼내두고 중얼거린다. 주먹을 꽉 쥐며) 할 수 있다, 지민아. 다음 달까지 무슨 일이 있어도 끝내는 거야.

지민, 목소리를 가다듬고 타이핑을 시작한다.
남자 책상에 엎드려 잠든다.

지민   오늘도 어김없이 하루의 시작을 알리는 알람 소리가 울렸다. 몇 번을 울렸을까, 그제야 그는 일어나……

이때, 지민의 전화벨 소리가 들려온다.
남자, 지민의 해설에 맞추어 행동하다 꺼지지 않는 알람 소리에 이상하다는 듯 멈춘다.

지민   ……뭐야 왜 그래. 얼른 꺼야지. 어, 근데 소리가…….

지민, 소리를 따라 시선을 옮기다 핸드폰에 시선이 멈춘다.
전화의 수신자를 확인하는 듯 화면을 바라보다 급히 전화를 받는다.

지민   응, 소라야. 무슨 일이야?
아, 카페에서 만나면 알려준다고? 나야 당연히 괜찮지. 응, 알았어.
그러면 30분 뒤에 카페에서 봐. 응, 금방 갈게.

남자   뭐야, 이제 좀 시작하나 했더니 또 가버리는 거야? 방금 다짐하지 않았어? 이래서 이번 달 내로 끝낼 수 있을 거라 생각해?

여자 그보다 오늘 잠도 제대로 못 자서 피곤한 거 아냐? 괜찮겠어?
    또 저번처럼

지민 (여자의 말을 끊으며) 그럴 일은……. 없을 거야. 나 정말로
    괜찮아.
    (남자로 시선이 향하며) 글은 정말로 꼭. 이번 달 안에는 마
    무리 지을 거야. 그러니까. 걱정하지 마.

남자 (여자를 바라보며 이해를 바라는 듯) 아니, 넌 저 말을 믿어?
    다음 주까지?

여자, 이어질 남자의 말을 말리는 듯 팔을 살짝 붙잡고 고개를 저어 보인다.

지민 네 마음도 이해해. 그렇지만, 이번에는 정말 확고한 목표가
    생겼으니까. 나 할 수 있어. 저녁에 돌아와서는 꼭 쓸게.

지민, 어디 둘지 몰라 꼼지락거리던 손을 어색하게 살짝 들어 흔들어 보인다.
지민 퇴장.

                       암전

#카페

무대 조명이 밝아진다.
소라가 음료가 두 잔 놓인 테이블에 앉아 기다리고 있다.
딸랑, 문 열리는 소리와 함께 무대 끝에서 두리번거리며 들어온다.

소라   (손을 흔들며) 지민아, 여기야.

지민   많이 기다렸어? 내가 조금 늦었지. 미안.

소라   또 그런다, 또. 내가 미안하다는 말 그만하라고 했지! 별로 안 기다렸어.
        나도 금방 왔거든. 얼른 앉아, 녹차라테 아이스 맞지?
        나 시키면서 같이 했어.

지민   응, 맞아. 고마워. 그나저나 무슨 일이야? 갑자기 전화 와서 놀랐어.

소라   그게 말이지. (장난스럽게 미소를 지으며 뜸들이듯 잠시 말을 멈추고) 놀라지마, 나 남자친구 생겼어!!

지민   축하해. 너무 잘 됐다. 진짜? 나도 아는 사람이야?

소라   (부끄럽다는 듯) 아 왜, 있잖아……. 저번에 내가 좋아한다고 했던 그 사람.

지민   아 그분이구나. 나도 궁금하다.

대화 내내 지민을 찾는 핸드폰 메신저 알림음이 울린다.
지민, 소라와 대화는 하고 있지만 자꾸 시선이 핸드폰으로 향한다.

소라   알았어, 나중에 꼭 소개해 줄게. (잠깐의 침묵) 핸드폰, 계속 울리는데.
       너 찾는 거 아냐?

지민   (핸드폰을 집어 들고) ……. 잠시만, 미안.

소라   급한 일이야? 알았어. 얼른 해결하고 와.

지민, 급하게 메신저 답장을 남기는 듯 손이 급하게 움직인다.
소라, 가만히 그 모습을 지켜본다.

지민   진짜 미안. 미안해. 아까, 어디까지 말했지?

소라   (환히 웃으며) 끝났어? 넌 뭐 좋은 일 없나 물어 보려 했지.

지민   ……나? 나야 뭐……. 늘 똑같지. (머뭇거리다) 아, 나 이번 달 안으로…….

지민의 핸드폰 전화벨 소리가 울려온다.

지민, 놀란 듯 핸드폰을 집어 들고 소라의 눈치를 살핀다.

소라 ……이번엔 전화야? 갔다 와. 기다리고 있을게.

지민, 전화를 받으며 무대 끝으로 향한다.

지민 여보세요. 응, 잘 지냈어? 나? 친구랑 잠깐 만난다고 카페. 친구한테 전화 받는다고 하고 잠시 나온 거야. 용건만 간단히 말해줘. 무슨 일인데?
……아니 전화를 했잖아. 어떻게 안 받아……. 저번에 재밌다고 했던 영화 제목이 뭐냐고? 그거, 나도 지금 기억이 잘 안 나는데……. 급한 일이야?

소라, 지루하다는 듯 음료나 빨대를 만지작거리는 등의 행동을 한다. 입구 쪽으로 고개를 돌려보지만, 지민은 보이지 않는다.

지민 응, 알았어. 그럼 끊어.

통화를 마치고 돌아온 지민
소라, 기지개를 한번 켜며 애써 방긋 웃어 보인다.

소라 왔어? 얼음 다 녹았겠다. 무슨 일이었어?

지민 ……급한 일은 아니었는데 그냥…….

소라 ……그래? 알았어. 무슨 이야기 하다가 갔더라? 분명히 있었는데 까먹었다.

지민 미안해, 소라야.

소라 (애써 웃어 보이던 입꼬리가 떨어지며)…매일 그랬는데 뭐. 나도 익숙해. 내가 너랑 대화하러 나온건지 그냥 커피를 마시러 온 건지 모르겠다.
나랑 있을 때는 나랑만 시간 보내주면 안 되는 거야? 핸드폰 소리만이라도 잠깐 꺼줄 수 있잖아.
나도 신경 쓰이고 너도 신경 쓰이고. 우리가 대화를 제대로 하고 있기는 할까?

여전히 울리는 메시지 알람 소리에 소라, 지민의 핸드폰을 바라본다.

소라 (핸드폰에 눈짓하며) 아무래도 오늘 더 대화하기는 힘들 거 같네.
너도 바쁠 텐데 갑자기 불러서 미안. 그리고 갑자기 투정 부린 것도.
그린데 너도 내 입장 한번은 생각해줬으면 해서. 나중에 다시 연락할게.

소라, 퇴장

#지민의 집

무대 조명과 세트의 변화 없이 소라의 퇴장과 동시에 지민의 집으로 장소가 바뀐다.

남자, 여자 무대로 등장한다.

남자   뭐 그렇게 멍하게 앉아 있어. 약속했잖아, 약속 끝내고 집에 잘 들어왔으면 얼른 컴퓨터 앞에 앉아야지.

지민   ……맞다, 그랬지.

지민, 그제야 책상에서 일어난다.
그 자리를 남자와 여자가 앉는다.
지민의 타자 소리가 들려온다.

지민   여전히 집 안은 정적으로 가득했다. 남자는 무언가 다짐한 듯 크게 숨을 내쉬며,

남자   이제 너를 보내줄 때가 되지 않았나 싶어.

어느새 남자의 손에는 칼이 들려 있다.

남자   그동안 고마웠어. 그리고……. 안녕.

남자 칼로 여자를 찌른다.

동시에 지민의 타자 소리가 멈춘다.
뒤늦게 정신을 차린 남자, 다급히 칼을 다시 빼낸다.
여자, 놀란 표정을 지으며 칼이 찔린 부위를 움켜쥔다.

남자   내가, 내가……. 살인이라니. 그것도 내가 사랑하는 너를.
        (지민을 향해) 지금 뭐 하자는 거야.

여자   나 아직도 여기가 아픈 거 같아. 아야.

남자   누가 이별하는 걸 이렇게 살인으로 표현해. 이건 우리 글이
        랑 너무 안 어울리는 거 아냐? 살인 이야기는 우리 이야기 완
        결 짓고 하도록 해.

지민   응……. 내가 생각해도 이상한 거 같아. 미안. (황급히 지우는
        타자 소리)
        회사에서 돌아온 남자는 아무 말 없이 여자를 빤히 바라보고
        있었다.
        그의 표정에는 그조차도 알 수 없는 복잡 미묘한 감정들이 섞
        여 있었다.

남자   (진지한 표정) 있잖아, 나……. 사실 좋아하는 사람 생겼어. 이
        제 너 안 좋아해.

다시 한번 멈추는 지민의 타자 소리.
남자와 여자 모두 이번에도 놀란 표정이다.

남자　　(자신이 뱉은 말을 부정하려는 듯 입을 만지면서) ……. 잠시만. 이건 또
　　　　뭐야? 혹시 주말 드라마를 쓰고 싶은 거야?

여자　　지민아, 너 괜찮은 거 맞아? 혹시 아까 나가서 무슨 일이라도
　　　　있었던 건 아니지?

지민, 시선을 옮기다 책장에 있는 낡고 두꺼운 일기장을 발견한다.
무언가에 홀린 듯 그 일기장을 집어 드는 지민, 앉아 컴퓨터 대신 일기장을 펼쳐 든다.

지민　　10월, 18일. 날씨 맑음.

어느새 일기장 속 주인공이 되어있는 여자.
무대 조명이 어두워지며 지민, 퇴장.
무대 조명은 여자를 향하고 남자는 여자의 한걸음 뒤에 서 있다
이때 남자, 모자가 달린 긴 망토를 걸친 모습이다.

여자　　정말 오랜만에 엄마와 단둘이서 외식을 했다. 그 외식자리에
　　　　아빠는 없었지만, 엄마는 오랜만에 무척이나 행복하게 웃는
　　　　모습을 보였다. 식사가 끝날 때쯤, 엄마가 내게 물었다.

무대 조명이 다시 밝아진다.
어느새 식탁에 앉아 있는 남자, 여자는 남자의 맞은편에 앉는다.

남자 우리 지민이는 당연히 엄마랑 산다고 할거지?

여자 응, 근데 그러면 아빠는? 난 아빠도 좋은데. 아빠랑…….

남자 (언성이 높아지며) 그런 생각은 말고 누가 물어보면 그냥 엄마랑 살겠다고 해. 알겠지?

어두워지는 조명, 여자를 비춘다.

여자 (고개를 끄덕인다) ……. 전 엄마랑 살고 싶어요……!

재판이 끝남을 알리는 판사봉 소리가 3번 들려온다.

여자 달에 한번, 가끔씩 아빠를 만나기는 했지만, 그마저도 엄마에게는 비밀이었다. 그 당시에 내가 아는 바람이라곤 창밖을 매섭게 채우는 그 바람뿐이었다.

지민 이건 5월 2일, 날씨 조금 흐림

여자 언젠가부터 엄마의 연락이 끊이지를 않았다. (전화를 받으며) 여보세요.

남자   지금 어디니. 시간이 몇 신데 아직까지 연락 한 통도 없이 밖인 거야.
학교는 진작 끝난 거 아니야?

여자   어제 말했잖아, 나 친구랑 저녁 먹고 들어온다고.
엄마도 알겠다고 했잖아

남자   그럼 학교 끝나고 연락이라도 했어야지 엄마가 얼마나 걱정했는데. 너 자꾸 엄마 걱정시키게 할 거 야? 밥 다 먹었으면 얼른 와. 앞에서 기다리고 있을게.

여자   아니 엄마 아무리 그래도 나도 내 시간이…….

전화가 끊기는 효과음 소리가 들린다.
여자, 짜증 나는 듯 한숨을 쉬어 보이며 남자 옆으로 간다.

남자   (끌어안으며) 왜 이렇게 늦었어, 밥은 맛있게 먹었고? 엄마가 얼마나 기다렸는데. (손을 붙잡으며) 엄마는 이제 너밖에 없는 거 알잖아. 응?
지민아, 엄마 자꾸 걱정되게 하지 마.

조명, 여자를 비춘다.

여자   이상하게 엄마 얼굴만 보면 아무 말도 할 수가 없었다. 하고

싶은 말은 많았는데. 나도 내 시간이 필요하다고, 그렇다고 내가 엄마를 생각하지
않는 건 절대 아니라고, 그러니까 그렇게 걱정할 필요 없다고. 엄마 앞에만 서면 꿀먹은 벙어리처럼 정말 아무 말도 나오지 않았다. 그렇게 점점 익숙해졌다.

무대 조명이 다시 밝아진다.

지민 6월 20일, 날씨 비.

남자 지민아, 아무리 네가 성인이 되었다고 해도 그렇지, 10시를 넘기는 건 조금 그렇지 않아? 요즘 세상이 어떤 세상인데, 늦게 돌아다니면 위험하다는 거 너도 잘 알잖아. 10시 전에 얼른 들어와 지민아.

여자 엄마, 나 이제 성인이야. 그 정도는 내가 마음대로 할 수 있는 거 아니야? 나 엄마 말대로 항상 일찍 집에 들어간다고 남들 다 같이 술 마시고 놀 때 같이 논 적도 없고, 친구들은 내 눈치 본다고 이제 나랑 잘 놀아주지도 않아. 나도 내 삶이 있는 건데 왜 이해를 못 해주는 거야? 엄마는 죽을 때까지 내가 혼자 지내기를 바라는 거야?

남자 얘가 진짜 왜 이르…….

여자   나 오늘은 다혜 집에서 자고 갈게. 끊어.

통화를 마친 여자, 길에 주저앉으며 괴로운 표정을 짓는다.
여자에게 걸려 오는 전화벨 소리가 계속 이어진다.
여자, 무시하려는 듯 핸드폰을 보지 않기 위해 노력한다.
무대 조명, 다시 여자를 비춘다.

여자   사춘기도 없이 보냈던 나였는데……. 처음 마셔본 술 때문이었을까, 아니면 친구들이 내 눈치를 보는 듯한 그 반응이 때문이었을까. 그 일을 기점으로 이제 더 이상 엄마의 전화를 받지 않고 살 수 있게 되었다. 물론 쉽지 않은 일이었지만.

이내 끊겨버린 전화벨 소리.
지민이 무대 끝에 가만히 서 있다.
남자, 무대 뒤에 뒷모습을 보이며 앉아 있다.

지민   7월 14일, 날씨 흐림.

여자   이모한테서 연락이 왔다. 너네 엄마 좀 보러 가라고. 네가 그러고부터 잠도 못 자고 잘 못 지낸다고, 말이다. 그때 무슨 큰일이라도 난 줄 알고 엄마가 있는 집으로 헐레벌떡 뛰어갔는데, 현관문을 벌컥 열고 들어가자마자 보인 모습은 엄마가 평화롭게 웃으며 책을 읽는 모습이었다.

남자, 여자에게 뒤돌며 옅은 미소를 지어 보인다.

여자   (심장을 부여잡으며) 아직도 놀란 심장이 진정되지 않은 느낌이다. 진심을 더 적어보자면, 조금은 허망하기도 했다. 그래도 엄마가 잘 지내는 모습 보니까 좋았다. 분명 엄마는 나 없어도 잘 지낼거다.

지민   (일기장을 보며) 아, 이때 생각난다. 진짜 많이 놀랐었는데. 그때 어쩌면 엄마가 진짜로 웃고 있었던 게 아니었을 수도 있겠다는 생각이 이제 와서 들었지. 그럼 뭐해. 다 지난 일인데.

일기장을 넘기자 울리는 전화벨 소리에 지민, 괴로운 듯 몸을 돌린다.

여자   (핸드폰을 집어 들며) 여보세요……? 네?

의사가 흰 천으로 가려진 병실 침대를 밀며 나온다.
여자, 의사 앞으로 향하자 의사는 고개를 꾸벅 숙이고선 퇴장한다.
여자, 멍하니 침대를 바라보다 주저앉는다.

여자   (참아왔던 울음이 터지는 듯)……. 엄마, 엄마……. 엄 마, 왜 그러고 있는 건데……. 나 없이도 잘 살 수 있잖아, 엄마. 엄마가 그렇게 가버리면 나는……?

지민, 컴퓨터 앞에 앉아 조금 전과 같이 일기장을 들고 있다 덮는다.

지민   왜 이게 눈에 보여서는. 아무래도 괜히 읽은 거 같아. 기분만 더 이상해지고.

남자, 어느새 덮고 있던 흰 천을 치우고 침대에 걸터앉아있다.

남자   여자를 잊지 못하고 살아가는 남자, 그거, 네 이야기였구나. 맞지?
지민   (애써 웃으며) 그럴지도 모르지. 이야기의 소재는 늘 가까운 곳에 있으니까.

여자   그거 좋은 말이네, 이야기의 소재는 늘 가까운 곳에 있다, 사실은 누구보다 네 후회를 마주하고 싶은 거 아니야? 그럼 마주하면 되는 거지. 네가 제일 자신 있는 방법으로.

남자   이야기로?

여자   그래, 이야기로.

여자, 지민에게 나오라는 듯 손을 내밀었다.
지민, 컴퓨터 앞에서 내려와 머뭇거리다 주저앉는다.
여자, 지민의 곁으로 향한다.

지민   ……미안. 아무래도 난 못 할 거 같아. 그냥, 너네 이야기나 마저 쓰자.

그러는 편이 더 좋을 거 같아.

여자 지민아, 뭐가 두려운 거야? 언젠가는 마주해야 한다는 거 네가 제일 잘 알고 있었잖아.

지민 ……그런다고 다시 되돌릴 수 있는 것도 아니고 그냥……. 떠올리기도 싫어. 무서워.

여자 그렇지. 지나간 일을 다시 되돌리기는 힘들겠지만, 추억할 수는 있잖아. 그래도 좋은 기억으로 남을 수 있게 말이야.

지민 (가만히 기억을 떠올리는 듯하다 이내) 있잖아, 내가 다른 말을 했으면 엄마는 무슨 말을 해주었을까.

여자, 지민의 어깨를 몇 번 토닥이고선 컴퓨터를 바라보며 눈짓한다.
지민, 그제야 컴퓨터 앞에 앉아 타이핑을 시작한다.

지민 그날은 과 회식이 있는 날이었다. 어김없이 집으로 가려고 했는데, 같이 가자는 친구의 말에 발걸음을 돌렸다. 시계 바늘이 10시를 향할 때쯤,
익숙한 전화벨 소리 뒤에는 또 익숙한 목소리가 들려왔다.

여자, 가만히 지민에게 손을 내밀었다.
지민, 여자의 손을 살며시 잡고 무대 중앙으로 향한다.

여자   지민아, 아무리 네가 성인이 되었다고 해도 그렇지, 10시 전에는 집에 들어와야 하는 거 아냐? 연락 한 통도 없이 이 시간까지. 내가 얼마나 걱정

지민   (핸드폰을 들고) 음……. 엄마. 시간이 늦었는데 아무 연락도 없었던 건 미안해. 그렇지만, 나도 내 시간이 필요해 엄마. 이 말은 내가 엄마를 떠나 버리겠다는 게 아니라, 엄마 곁에 더 머무는 데 필요한 시간이라는 거야. (고민하는 듯 잠깐의 침묵) 엄마, 나 종강하면 같이 여행 갈까? 생각해보니까 같이 여행 한번 안 가보고 살았더라고. 어때?
(핸드폰을 내려놓으며) 엄마는 아무 말 없이 가만히 내 말을 듣고 있었다. 전화기 너머 엄마는 무슨 생각을 하고 있는지는 알 수 없었지만, 복잡하게 얽혀버린 이 털실을 예쁜 리본으로 만들 수 있다는 확신이 들었다.
　　　　　　　　　　　　　　　　　　　　　　　　암전

무대에는 주인공 혼자 등장해있고 조명은 책을 비춘다.
첫 장면과 같은 구조.

지민   슬럼프가 있었다. 많이 심했어요. 글도 제대로 쓰지 못할 정도로.

지민, 조명을 받고 있는 책을 집어든다.

| 지민 | 이제 와서 생각해 보면 밑 빠진 독에 물을 붓는 거나 다름이 없었죠.
그래서 그때 여행도 다니고, 맛있는 것도 먹고. 제 깊은 곳 어딘가에 있었던 엄마랑 같이 하고 싶었 던 것들……. 뭐 그걸 했던 거 같아요.
그리고 이제 드디어 제 그림자를 똑바로 바라볼 수 있게 된 거죠. |
|---|---|

지민, 걸음을 옮겨 무대 중앙으로 향한다.

| 지민 | 이런 것들이 자연스럽게 글 속에 녹아들기도 했고요. 제 글 보는 많은 분도 그러기를 바라고요.
(책을 펼치며) 남자가 여자에게 주고 싶었던 그 반지는 이제 파도에 휩쓸려 그녀에게 전해졌을지도 모른다. 그제야 그는 한결 편안해진 표정으로 말했다. 안녕. |
|---|---|

지민, 책을 덮으며 무대 조명은 서서히 어두워진다.

암전.

작가의 말

장미가 끝난 후에_ 강지웅

제가 처음 소설을 썼을 때만 해도 저에게 글쓰기란 그저 새하얀 여백에 자기만의 세계를 그려나가는 것이었습니다. 그 외에는 아무 생각도 없이 무턱대고 글을 쓰며 앞만을 향해 나아갔습니다. 앞만을 향해 나아가니 넘어지기도 하고, 벽에 부딪히기도 했습니다. 그러나 이번 작품을 통해 저는 길을 걷는 법을 배웠습니다. 소설에서 글쓰기란 자기만의 세계를 그려나가는 것이 아니라 자기 자신에게로 향하는 걸음입니다. 그리고 그 발걸음이 자국으로 남아 활자가 됩니다.

나만의 비_ 임지아

제가 글을 쓰기 시작한 순간, 하루는 24.5시간이 되었습니다. 글의 세계가 0.5시간을 더 늘려주었던 것처럼 저에게는 시간의 아름다움을 느끼게 해준 원동력이 바로 글을 한 글자씩 써내려가며 작가의 길을 걷는 일이었습니다.

대학 동기_ 정세영

인간관계에서 거리를 표현하는 범위가 어떤지 스스로 생각을 돌이킬 수 있었다. 세상에는 아무것도 아닌 게 많다. 살아가는 이들의 기준이 천차만별인 것도 이유겠지만, 그 들쑥날쑥한 기준 속에서도 암묵적으로 정해진 부분이 있어서 더 그렇다. 관심을 가질 수 있는 관계 사이에는 무엇이 존재하기에, 그에 대해 거듭 고민하는 인간들이 있는 건지. 본인 주변을 둘러봄과 함께 '남'과 '친구'에 대해 고민할 수 있었던 시간이길 바란다.

슈퍼문_ 김다정
야간자율학습이 끝나고 차가운 밤공기 속을 지날 때 문득 고개를 들었다. 새까만 하늘에 달이 홀로 떠 있었다. 나에겐 글쓰기가 달과 같았다. 언제 어디서나 묵묵히 지켜봐주고 때때로 따스한 위로가 되어주었다.

셔터 한 번에 영원을_ 정소은
글을 쓸 때 내가 잘 알고 있다고 자부하고 있던 사람에 대해 아무것도 몰랐다는 것을 알게 된 인물의 심정을 표현하고자 했다. 독자들이 지윤의 감정에 공감하도록 글을 쓰는 것이 어려웠다. 최대한 섬세하게 쓰려 노력했다. 독자들에게 지윤의 감정이 잘 전달되면 좋겠다.

무화과론_ 정혜림
엄마와 주인공을 무화과가 없어진 세상에서 무화과로 비유하여 엄마와의 관계를 희미하지만 강하게 이어져 있었고, 이젠 끝이 난 관계를 딸의 입장에서 어떻게 정리하는지를 저술합니다.

작가의 말_ 추정연
글쓰기는 새로운 세상을 바라보는 힘이다. 하나의 글을 써 내려가고 완성할 때면 한 걸음 더 성장한 느낌이 든다. 이번의 경험이 또 다른 하루를 살아가는 데 크나큰 힘이 될 거 같은 느낌이 든다.

제3장 수필

잘 지내

김가은

내가 9살 때쯤, 울산에서 대구로 이사를 왔다. 새로운 환경에 적응하는 것을 어려워했던 나로서는 거의 끌려가다시피 대구로 향해가고 있었다. 드디어 학교라는 공간에 적응하기 시작했는데 다시 처음으로 돌아가는 것 같아 막막하기만 했다. 지금은 많이 괜찮아졌지만 어렸을 때는 낯도 많이 가리고 새로운 것에 대한 두려움이 컸다. 그래서 친구 사귀는 것도 잘 못했고 남들 앞에서 말하는 것도 잘 못했다. 그러다가 초등학교에 입학하면서 스스로 성격을 좀 바꿨으면 좋겠다고 생각했다. 그러나 학교라는 공간이 주는 위압감, 유치원과는 다른 환경에 나는 압도당해 버렸다. 입학하고 몇 주는 정말 학교에 가기 싫었고 지금으로서는 공감할 수 없지만 쉬는 시간이 오는 것이 정말 싫었다. 그렇게 몇 주를 버티다가 나에게 변화가 찾아왔다. 내 앞자리 친구와 처음으로 말을 하게 되었다. 그 친구도 친구가 없어서 외로웠다고 친하게 지내자고 먼저 손을 내밀어 줬다. 그 이야기를 듣고 있던 내 뒷자리 친구도 자기도 친구가 없어서 힘들었다고 손을 내밀었다. 그렇게 자연스레 우리는 친구가 되었고 시간이 지날수록 반 친구들과도 친해졌다. 그 친구들과 친하게 지내면서 나는 많은 경험을 했다.

도전하는 것에 두려움이 있었던 나는 혼자라면 절대 못 했을 일들을 친구들과 함께 하나씩 깨뜨리기 시작했다. 가장 기억에 남는 일은 내가 수영을 하게 된 일이다. 5살 때 수영장에서 물에 빠진 뒤로 물 공포증이 정말 심했다. 물에 빠진 뒤로 세수하는 것도 무서워할 정도로 물을 무서워하다 못해 싫어하기까지 했다. 그런데 그때 당시 우리 초등학교는 학교 안에 수영장이 있을 정도로 규모가 큰 학교였다. 그래서 보통 초등학교 고학년 때 수영 수업을 학교에서 진행하는데 특별히 우리 학교만 1학년 때부터 수영 수업을 진행했다. 그 이야기를 들은 나는 수영 수업을 듣기 전부터 너무 힘들었다. 심지어 생존 수영 수업이라 보트 위에서 뛰어내려야 했다. 나는 또다시 물에 빠질까 봐 너무 무서웠다. 내 이야기를 들은 친구들은 내가 같이 뛰어주겠다고 수업이 끝날 때까지 옆에 있어 주겠다고 했다. 말이었지만 그렇게라도 말해주니 너무 고마웠다. 그런데 수영 수업이 시작하고 친구들은 정말로 수업이 끝날 때까지 내 옆을 지켜주었고 친구들이 옆에 있다는 것만으로도 든든했다. 수영 수업을 나는 무사히 마쳤고 지금은 물 공포증을 완벽히 이겨냈다. 그래서 수영장에 갔을 때는 자연스레 그 친구들이 떠오르는 것 같다.

 그렇게 내 첫 학교생활을 잘 보내고 있을 때 또 한 번 내 일상에 큰 변화가 생겼다. 아빠의 회사 일로 대구로 이사를 가야한다는 것이다. 이제야 학교생활이 재밌어지기 시작했는데 다시 원점으로 되돌아가는 것 같았다. 친구들에게 이 소식을 전하자 친구들이 이사 가서도 자신들을 기억해 주라면서 자신들이 아끼는 물건들을 나에게 전해주었다. 초등학교 1학년의 순수함이있던 것 같다. 지금까지도 그 물건들을 상자에 넣어놓고 보관하고 있는데, 한 번씩 방정리를 할 때 그 상자를 발견하면 그때로 돌아가는 것 같아 좋다. 전학 수속을 밟고 마지막으로 학교를 등교했을 때 반 친구들이 나를 위해 롤링 페이퍼를 써주었다. 지금 그 롤링 페이퍼를 다시 읽어보면 맞춤법도 엉망이고 지금이라면 낯

간지러울 말도 잔뜩 쓰여 있어서 보다 보면 자연스레 미소가 지어진다. 친구들에게 인사를 받고 대구로 가는 차 안이었다. 나는 그저 멍하니 창밖을 보며 차 안에서 흘러나오는 라디오를 듣고 있었다. 그러던 중 라디오에서 익숙한 이름이 나와 그 사연을 주의 깊게 듣고 있었다. 그런데 내용이 친한 친구가 대구로 이사를 가게 되어서 아쉽지만 거기 가서도 잘 지냈으면 좋겠다는 내용이었다. 엄마가 이거 네 이야기 아니냐고 말씀하셨지만 이사 가는 사람이 나 혼자도 아니고 설마 아니겠지라고 말했다. 그렇지만 혹시나 하는 마음에 주의 깊게 듣고 있었는데 사연의 마지막 부분에 내가 다녔던 초등학교 이름과 그 친구 이름, 내 이름이 나와서 정말 놀랐고 소름이 돋았다.

그 사연이 끝나자마자, 나는 친구에게 연락을 했고 그 친구는 자신이 맞다고 어떻게 들었냐고 했다. 우리는 서로 소름이 돋았고 엄마도 정말 신기하다고 하셨다.

정말 많은 우연이 겹쳐져서 일어난 일이라 아직까지도 정말 신기한 경험이다. 그 친구가 보낸 사연이 라디오에 읽혔다는 점과 내가 많은 라디오 방송 중에 그 라디오를 듣고 있었다는 점 등이 수많은 우연이 만나서 이루어진 일인 것 같다. 그래서 그 친구가 마지막에 한 잘 지냈으면 좋겠다는 말이 한 번씩 생각이 난다. 사실 지금으로부터 8년 전이라 지금은 그 친구들과 연락을 하고 지내지는 않는다. 그래도 내 첫 학교생활을 잘 마무리해 준 친구들이라 친구라는 단어를 듣거나 보면 한 번씩은 그 친구들이 떠오르는 것 같다.

돈 빌리는 아이

김준현

"나 만원만."

오늘 저녁에 내게 온 문자다. 무시했다. 내가 전학을 온 뒤로 늘 그러던 아이였기에 이번에도 그러려니 했다. 하지만 내일 아침 학교에서 그 아이의 모습이 보이지 않았다. 2교시가 지나고 뒷문이 덜컹하면서 열리더니 그 아이가 들어왔다. 온몸엔 멍이 들어있었다. 제 몸을 제대로 가누지도 못하고 비틀비틀거리며 자리에 앉았다. 고개를 푹 숙이고 책을 꺼낼 뿐 아무 말도 하지 않았다. 하필 창가 자리라 햇빛이 비춰 더 돋보였다. 그 아인 누구 하나 말을 걸어줬으면 하는 것 같았다. 평소에 그렇게 오지랖이 넓던 반장도 벙어리처럼 입을 꾹 닫고 있을 뿐 반에는 정적만 흘렀다. 이 이상한 상황을 모두 정상적으로 받아들이는 반 아이들의 태도에 구역질이 날 때쯤이었다.

선생님이 들어오셨다. 또다시 정적이 돌았다. 선생님은 그 아이를 지긋이 바라보더니 아이의 손을 잡고 같이 나가버렸다. 그제야 아이들은 누가 태엽을 다시 감아준 듯 소잘조잘거리기 시작했다.

"야, 쟤 또 맞고 왔나 봐."

아이들이 하는 이야길 엿들어 보니 이런 적이 한두 번이 아닌 것 같았다. 저 아이가 왜 맞고 왔는지, 왜 나한테 돈 연락을 하는지는 잘 모르겠지만 그 아이가 너무 불쌍하다는 건 사실이었다.

학교 수업이 끝나고 난 그 아이를 기다렸다. 왠지 기다려야 할 것만 같았다. 안 그럼 오늘 밤은 지새우는 꼴이 될 게 분명했으니까 말이다.

드르륵 턱.

이번엔 앞문으로 그 아이가 들어왔다. 고개를 푹 숙이고 있던 지라 자기 자리에 서 있던 나를 본 건 칠판까지 걸음을 하고 난 뒤였다. 그 아인 날 보더니 의외의 말을 꺼냈다.

"미안해."

자신을 기다리게 해서 미안한 건지, 싫다는 데도 돈 연락을 해서 미안한 건지 사과의 의미를 몰랐다. 아마도 후자겠지만 난 전자이기를 바랬다. 무려 30분 동안 기다려서 수학학원을 빼먹었으니. 그 순간 그 아이의 얼굴에 붙여져 있던 밴드가 툭 떨어졌다.

그 아이가 밴드를 줍기 전에 난 재빨리 그 아이의 옆에 섰다. 그 아이가 몸을 일으키며 나와 눈이 마주쳤다. 그 아이는 화들짝 놀라며 도망가려고 했다.

"저기……."

내 말에 잠깐 선 그 아이였지만 망설이는 그 아이의 뒷모습만 보일 뿐 오히려 발걸음을 재촉해서 반을 나가버렸다. 허무했다. 제대로 말도 못 섞어 보고 그냥 보내줬다. 붙잡지 못한 내가 한심했다. 난 체념하고 집으로 돌아갔다.

다음 날 아침이 되었다. 학교는 갑작스럽게 휴교를 했다. 갑자기 휴교를 맞이한 난 어리둥절해서 반톡에 메시지를 올렸다. 하지만 메시지 옆에 1은 지워지지 않았다. 혹시나 그 아이인가 싶어 문자를 보내봤다. 여전히 1은 지워지지 않았다.

얼마 뒤. 학교는 다시 문을 열었다. 여느 때처럼 자리에 앉아 책을 읽고 있을 때 선생님이 들어오셨다. 그러곤 대뜸 심란한 표정을 지으며 우리 반의 한 아이의 부재를 알렸다. 반 아이들 중 한 명밖에 안 온 걸로 봐서 그 한 명이 범인인 게 분명했다. 나는 고개를 빼어 이리저리 둘러보았다. 그중 낯익은 자리가 비어있었다. 그 아이의 자리였다.

'나'를 위해 사는가, '나눔'을 위해 사는가

이민솔

당신이 가장 최근에 '나눈' 것은 무엇인가? 그것은 음식이나 물건과 같이 형태가 있고 구체적인 것인가, 아니면 사랑이나 행복과 같이 추상적이고 눈에 보이지 않지만, 당신과 당신으로부터 그것을 받은 사람은 마음으로 느낄 수 있던 것인가? 누구나 인생을 살아오면서 위 두 가지에 각각 해당하는 무언가를 나눈 적이 있었을 것이다. 나눔은 바르게 살아가는 인간으로서의 도리이기도 하고, 공동체로 생활하도록 진화한 인간에게 도덕적으로 바른 삶은 필요하므로 나눔이라는 것을 해보지 못했다는 사람은 거의 없었을 리라고 생각한다. 하지만, 두 가지 나눔을 각각 실천했을 때의 기분은 분명히 달랐을 것이다. 두 가지 나눔 모두 무언가를 나누는 거라는 전제는 동일한데 왜 인간의 정서에 전혀 다른 자극을 주는 것일까? 지금부터 그 근본을 파헤쳐 보겠다.

설탕, 꿀, 우유, 커피, 버섯 등의 식재료가 가진 공통점은 무엇일까? 음식 이야기를 뜬금없이 왜 하는지 싶겠지만 위 문단에서 설명한 두 가지 나눔 중 전자의 개념을 설명하기 위해서임을 알아주었으면 한다. 아는 사람은 알고 있을 테지만, 위 식재료는 모두 과거에 귀하거나 구하기 힘들어서 상류 계층(왕족과 귀족 등)만 즐길 수 있었다. 우유 같은 경우에는 조선 시대에 왕들만 쌀가루를 넣은 죽으로 쑤어서 보양식으로 즐길 수 있었던 음료였고, 버섯 또한 고대 이집트에서 왕족들만 먹을 수 있었던 음식이었다.

그럼 왕족과 귀족이 그 음식들을 나누었다는, 어쩌면 유일무이가 될 수 있는 이야기가 한 편도 만들어지지 않은 이유는 뭘까? 나는 지금까지 항상 상류 계층의 혼자 좋은 것을 독식하려고 하는 욕심과 스스로만 돌보려고 하는 이기심 때문이라고 생각해 왔다. 하지만 나는 최근에 와서 또 다른 관점으로 바라볼 수 있는 문을 열었는데, 그것은 바로 한정성 때문이라는 것이다. 한정성은 나의 생각이라는 종이에 한 획을 그은 획기적인 개념이었다. 한정성 때문이라는 말을 듣고 나는 '왜 상류 계층은 귀한 음식을 나누지 않았는가'에 대한 다음과 같은 가상의 시나리오를 세우기도 했다.

만약에 임금이 백성도 자신 같은 왕만이 먹을 수 있는 음식을 맛볼 기회가 생길 권리가 있다고 해서 한 가구당 우유를 한 통씩 배분했다고 가정해 보자. 처음에는 좋은 것을 나눈다는 생각에 뿌듯함을 느낄 수 있겠지만, 모든 백성에게 나누고 난 다음에 임금은 자신에게 남은 것을 바라본다. 만약 백성에게 우유를 나누지 않았다면 자신이 먹을 수 있었던 양에 비해 턱없이 왜소하다. 이제 임금에게는 어떤 감정이 남아있을까? 본래 나누는 것이 일상이었던 왕이 아닌 한 자신의 몫이 얼마 되지 않았다는 안타까움과 쓸쓸함을 느낄 가능성이 높다. 아마도 다음번에 임금은 같은 감정을 겪는 것을 피하기 위해서, 우유를 공급받아도 다시는 나누지 않을 가능성이 높다.

위에서 말한 부정적인 감정의 뿌리가 된 것도 자신이 줄 수 있는 것의 한정성이라고 말할 수 있다. 두 가지 나눔 중 전자에 해당하는 '유(有)형 나눔'은 나눌 수 있는 전체 양이 한정되어 있기 때문에 더 많은 사람에게 분배하거나, 한 사람당 몫을 더 많이 할수록 자신에게 남는 것은 줄어든다. 자신이 간식을 잔뜩 받아왔는데 친구들이 달라고 하자 막상 주고 나면 '괜히 줬나' 싶은 여운은 '유형 나눔'의 본질 때문이다.

하지만 예외 없는 규칙은 없다는 말이 존재하듯이, 분명히 유형 나눔인데도 정작 나눔을 실천하는 사람은 오히려 자신에게 남는 것이 없어질수록 행복감을 느끼는 사례도 있다. 동화 '행복한 왕자'에 나오는 왕자 동상이 이에 해당하는 인물이다. 왕자는 자신에게 있는 귀중한 보석들과 몸을 감싸고 있는 금까지 가난한 사람들에게 나누어 달라고 제비에게 부탁한다. 왕자에게 남은 것은 점차 없어져 가지만, 왕자는 여전히 자신의 것들을 나눌 수 있었다는 생각에 기뻐하기만 한다. 만약 과거에도 이와 같은 상류 계층이 있었다면 그들이 세상을 더욱 이롭게 했을 거라고 조심스레 생각해 본다.

'유형 나눔'의 반대는 '무(無)형 나눔', 즉 두 가지 나눔 중 후자이자 나눌 수 없는 것을 분배하는 개념이다. 무형 나눔의 본질은 유형 나눔의 정반대라고 봐도 무관하다. 보이지 않는 것들은 아무리 몇 명에게 얼마만큼 나누든, 자신에게 남는 것은 나누기 전과 동일하거나 비슷할 때가 많다. 대표적인 예가 아까 말한 '행복한 왕자 이야기'에서 왕자가 도시의 사람들에게 자신이 가지고 있는 사랑을 아낌없이 나누었는데도 여전히 나누어줄 사랑이 충분히 남아있었다는 내용이다.

그렇지만 무형 나눔도 그 본질이 항상 따르지는 않는다. 역사 속에서 권력을 휘두른 독재자나 폭군 이야기만 들어봐도 보이지 않는 것을 나누는 것도 사람들은 항상 달가워하지 않는다는 것을 알 수 있다. 구체적으로 말하자면, 그들은 주권이라는 눈에 보이지 않는 자산을 많이 보유했음에도 국민과 나누려고 하지 않았다. 독재 정치의 근본, 즉 그 원인은 나눔을 부정적으로 생각하는 것에서 시작되었다고 나는 추측하고 있다.

 현대에는 개인주의적 사상 때문에 유형 나눔이나 무형 나눔 중 어떤 것이든 하지 않으려는 사람들이 종종 보이는 것 같다. 하지만 나눔은 인간의 본질이며, 둘 중 하나도 하지 않는 삶을 살기는 어려울 것이다. 두 가지 나눔은 보통 각각 다른 감정을 남기지만, 둘 다 중요하다는 것을 잊지 말아야 한다. 두 가지 종류의 나눔 중 자신이 특화되어 있는 나눔이 무엇인지 생각해 보고, 그것을 실천해 나가길 바란다.

---

* 여기서 나오는 '유형 나눔'과 '무형 나눔'이라는 용어는 공식적인 표현이 아니고, 주제 전달을 위하여 만들어 낸 것임을 숙지하길 바란다.

작가의 말

잘 지내_ 김가은
처음 글을 쓸 때는 더 잘 쓰고 싶은 마음에 글을 쉽게 쓰지 못 했습니다. 그러나 선생님에 조언에 따라 하고 싶은 말을 솔직하게 드러내다 보니 책도 내는 좋은 경험을 하게 되었습니다. 앞으로도 마음으로 글을 쓰는 작가가 되겠습니다.

돈 빌리는 아이_ 김준현
나에게 글쓰기란 안경과도 같다. 글쓰기는 예전부터 나에게 새로운 세상을 선물해 준 존재와도 같기에 안경에 비유했다. 돈을 빌리는 것은 가난하거나 어려운 상황에서 임시적인 해결책이 될 수 있지만, 잘 관리하지 않으면 빚더미에 빠질 수 있다는 점을 강조하고 싶었다.

'나'를 위해 사는가, '나눔'을 위해 사는가_ 이민솔
나는 이 수필을 쓸 때 인간의 본성에 대한 추론과 그 본성이 나타난 역사적 사례의 정밀 분석을 핵심으로 두었다. 이 수필을 쓴 이후 '나눔'의 실천을 어려워하는 사람들도 이유가 있음을 알고, 그들을 더 잘 이해할 수 있었다.